Gelassenheit lernen

Elke Nürnberger

2. Auflage

Inhalt

Warum Sie mit Gelassenheit weiterkommen 5

- Was ist Gelassenheit? 6
- Ursachen mangelnder Gelassenheit 11
- Wie Sie von Gelassenheit profitieren 23

So arbeiten Sie an Ihrer Einstellung 31

- Hemmschuhe erkennen und überwinden 32
- Wege aus der Perfektionismusfalle 55
- Sich selbst wichtig nehmen 59
- Lösungsorientiert denken und sprechen 66
- Sich die eigenen Werte bewusst machen 70

So trainieren Sie gelassenes Verhalten   **75**

- Sich für Gelassenheit entscheiden   76
- Die richtigen Prioritäten setzen   80
- Verantwortung übernehmen und abgeben   84
- Konsequent handeln   89

Techniken für schwierige Situationen   **95**

- Klar und respektvoll kommunizieren   96
- Verbale Angriffe kontern   98
- Bei offener Aggression souverän bleiben   106
- Mit unbequemen Gesprächspartnern umgehen   110
- Wie Sie im Notfall die Lage retten   120

- Stichwortverzeichnis   125

Vorwort

Es ist sehr beeindruckend, wenn jemand auf Angriffe von anderen gelassen reagiert. Wer wünscht sich nicht, in emotional geladenen Situationen ruhig und souverän zu bleiben? Manche Menschen beherrschen das spielend, bei anderen steigt schon der Puls, wenn sie nur an diese Begebenheiten denken. Kennen Sie das auch: täglichen Ärger, Angespanntheit, Stress bis hin zu lauten Wutausbrüchen? Dann halten Sie das richtige Buch in Ihren Händen.

In vielen Fällen schadet mangelnde Gelassenheit auf Dauer der Gesundheit – und natürlich dem beruflichen Erfolg. Aber nicht nur das. Ein chinesisches Sprichwort sagt: „Werde nie zornig, sonst könntest du an einem einzigen Tag das Holz verbrennen, das du in vielen sauren Wochen gesammelt hast." Tatsächlich kostet es uns nach einem Wutausbruch viel Kraft und Zeit, Kränkungen wieder auszubügeln. In manchen Beziehungen bleiben sogar Narben zurück.

Gelassenheit kann man trainieren. In diesem TaschenGuide erfahren Sie, welchen Einfluss Sie selbst auf Ihr Denken und Ihr Kommunikationsverhalten nehmen können, um sowohl im Alltag als auch in schwierigen Situationen besonnen zu bleiben. Zahlreiche Beispiele, Checklisten und Hilfen für die tägliche Praxis zeigen Ihnen, was Sie gezielt tun können, um schrittweise gelassener zu werden. Carpe diem

Elke Nürnberger

Warum Sie mit Gelassenheit weiterkommen

Wer sich vornimmt, zukünftig gelassener zu sein, merkt schnell, dass das nicht so einfach ist. Es lässt sich nicht ohne Weiteres ein Schalter umlegen, und schon ist man gelassen. Die Grundlage für Gelassenheit liegt in unserem Kopf, denn gedankliche Einstellungen sind die Basis für unser Verhalten.

In diesem Kapitel lesen Sie,

- was Gelassenheit ausmacht (S. 6),
- warum sie erlernbar ist (S. 10),
- was körperlich und emotional mit uns passiert, wenn wir die Fassung verlieren (S. 11),
- welche Ursachen mangelnde Gelassenheit hat (S. 12),
- was es Ihnen bringt, souverän zu bleiben (S. 23).

Was ist Gelassenheit?

Beispiel

Kennen Sie solche Tage? Ihr Teamkollege hat zum dritten Mal Aufgaben, die eigentlich bei ihm lagen, wegen unaufschiebbarer Termine an Sie delegiert. Sie haben wieder einmal die ganze Zusatzarbeit. Sie sind über diese Ungerechtigkeit stocksauer. Als er am nächsten Morgen fröhlich pfeifend ins Büro kommt, haben Sie keine Lust, ihn zu grüßen, und vermeiden das Gespräch mit ihm.

Aufgrund eines Fehlers hat Sie Ihr Chef vor anderen ungerechtfertigt kritisiert. Ihnen reicht es für heute. Als Sie abends nach Hause kommen, fragt Ihre Tochter auch noch, ob Sie ihr bei den Hausaufgaben helfen können. Sie brüllen sie an, dass das ihre Aufgabe sei, dass Sie sich nicht um alles kümmern könnten und jetzt endlich Ihre Ruhe bräuchten. Ihre Tochter steht mit Tränen in den Augen vor Ihnen ...

Jeder kennt solche Situationen. Wenn es uns zu viel wird, teilen wir aus. In diesen Fällen blockieren starke Emotionen unseren Verstand und verdrängen objektives Denken. Gefühlsstürme aus Wut und Enttäuschung lassen uns unbedacht handeln und sprechen. Die Kontrollinstanz, die uns an gute Erziehung, Konventionen, Regeln erinnert und bremst, fällt dabei aus. So kommt es zu unbedachten Reaktionen oder irrationalem Verhalten. Im schlimmsten Fall ticken wir aus und erkennen uns und unser Verhalten im Nachhinein nicht wieder.

Was heißt gelassen sein?

Diese und andere Beispiele lassen sich positiv bewältigen, wenn wir gelassen bleiben. Die Basis für Gelassenheit bilden folgende vier Punkte:

1 Ruhe und Ordnung im Kopf,

2 Akzeptanz von Unabänderlichem,

3 maßvoller Umgang mit sich und anderen und

4 angemessenes Benehmen.

Ruhe und Ordnung im Kopf

Familiäre Probleme, anhaltender Arbeitsdruck, Überforderung oder unliebsame Mitmenschen: Das alles sind Gründe dafür, uns aus dem Gleichgewicht zu bringen. Sobald wir Angst, Ärger oder Stress verspüren, entfernen wir uns von der Gelassenheit. Gelassene Menschen schaffen es hier, rasch wieder eine realistische Einschätzung der Lage und die nötige Ruhe zu bekommen.

Gelassenheit schafft Ordnung im Kopf. Das ist weit mehr als nur das Fehlen von Stress: Es ist ein Zustand von Souveränität und Angstfreiheit. Dies gibt Zuversicht und die Gewissheit, eine schwierige Situation in den Griff zu bekommen. Gelassenheit verhindert das Hineinsteigern in Emotionen. Sie ist die Fähigkeit, besonnen zu denken, zu handeln und zu kommunizieren.

Akzeptanz des Unabänderlichen

Zudem steckt im Begriff Gelassenheit auch das Wort „lassen". Tatsächlich gelangt man zu Gelassenheit, wenn man es schafft, andere Menschen so sein zu lassen, wie sie sind. Wenn wir akzeptieren, bestimmte Dinge geschehen zu lassen, auch wenn wir sie nicht gut finden. Und manchmal ist es hilfreich, etwas ganz wegzulassen.

> Love it, change it or leave it: Versuchen Sie die Dinge, die Sie tun, gerne zu tun. Vielleicht können Sie manches auch anders tun, so dass es leichter oder besser von der Hand geht. Möglicherweise könnten Sie das eine oder andere gar nicht mehr tun, damit Sie sich entlasten?

Maßvoll mit sich und anderen umgehen

Wer gelassen ist, fühlt und verhält sich ausgeglichen. Dadurch wirkt er auf andere ausgleichend. Gelassenheit ist die souveräne Beherrschung einer Situation. Sie ermöglicht achtsamen Umgang mit sich und anderen. Wer gelassen ist, ist Herr der Lage und findet Lösungen.

Angemessenes Benehmen

Wenn wir Alarmsignale wahrnehmen, bevor die Stimmung kippt, können wir aktiv gegensteuern und uns viel zielführender verhalten. Denn, je nachdem, wie wir eine Situation einordnen, wird in der „Schaltzentrale" Gehirn über die nachfolgende Handlung entschieden. Durch eine veränderte Einstellung zu einer Situation kann man vermeiden, auf 180 zu kommen. Dies bewahrt uns vor unangemessenen Handlungen. Denn eines ist klar: Die meisten Menschen bedauern hinterher ihre Aussetzer oder unfreundlichen Bemerkungen.

Entscheidend: Handlungsfähigkeit

Die Frage, die darüber entscheidet, ob wir gelassen bleiben oder nicht, ist: Wie sehen wir unsere Lösungsfähigkeit in Bezug auf ein Problem? Fühlen wir uns imstande, eine Aufgabe oder ein Problem anzupacken und zu bewältigen, dann sind wir in der Lage, gelassen zu bleiben.

Empfinden wir es so, dass wir von Schwierigkeiten überrollt werden, fühlen wir uns ohnmächtig – ohne Macht zur eigenen Intervention. Hier erkennen wir keinen eigenen Handlungsspielraum und fühlen uns ausgeliefert. Dabei greifen wir dann gern auf die archaischen Lösungsstrategien zurück: Kampf oder Flucht.

Auch wenn sich diese während der frühen Menschheitsgeschichte bewährt haben: Es ist klar, dass beide Optionen nicht zu den eleganten Bewältigungsstrategien im modernen Leben zählen. Wenn wir also gelassen bleiben wollen, müssen wir dafür sorgen, die eigene Lösungsfähigkeit zu erkennen, zu erhalten und auszubauen. Dadurch ergibt sich eine positive Spirale: Je mehr Möglichkeiten wir wahrnehmen, desto besonnener bleiben wir – und je gelassener wir an die Dinge herangehen, desto mehr Handlungsspielraum haben wir.

Gelassenheit ist erlernbar

Gelassenheit ist sehr unterschiedlich und individuell in unserer Persönlichkeit verankert. Manche Menschen verfügen über ein unaufgeregtes Naturell und sind weniger schnell emotional. Sie besitzen ein ruhiges Temperament, haben geringere Ansprüche und sind zufrieden mit dem, was ist. Manchmal bringt dies sogar einen Hang zu Trägheit und Gleichgültigkeit mit sich.

Engagierte sind weniger gelassen

Das Gegenteil sind aktive, ehrgeizige, zuverlässige und engagierte Menschen. Sie sind häufig sehr emotional, sensibel und perfektionistisch. Die Kehrseite der Medaille ist: Sie sind weniger gelassen. Sie sind anfälliger für Störungen und leichter aus der Ruhe zu bringen.

Verschiedene Persönlichkeitstypen agieren auf unterschiedliche Art. Erbmasse und Erziehung spielen hierbei sicher eine Rolle. Dennoch: Jeder Mensch kann gelassen bleiben. Gelassenheit ist, unabhängig von der Persönlichkeitsstruktur, für jeden trainierbar. Wir können uns in Gelassenheit üben, jeder auf seine Weise und in seiner Geschwindigkeit.

Der Weg der kleinen Schritte

Stets in allen Lebenslagen gelassen zu bleiben, ist nicht leicht und vor allem nicht schnell im Crashkurs zu erlernen. Es gehören Wille, Disziplin und eine Portion Durchhaltevermögen dazu. Doch machen Sie sich klar: Jede kleine Verbesserung ist bereits ein Fortschritt, auch wenn Sie nicht gleich rundum Dalai-Lama-Qualitäten erreichen.

Auf diesem Weg ist es wichtig, vor allem gelassen mit sich selbst umzugehen. Es ist nicht schlimm, wenn wir uns ab und an in alten Mustern wiederfinden. Das kann geschehen, auch wenn wir gerade ein Buch über Gelassenheit lesen und beschlossen haben: „Ab morgen wird alles besser." Erwarten Sie nicht, dass Verhaltensweisen, die Sie seit 20 Jahren intensiv einstudiert haben, sich innerhalb weniger Tage umkehren. Geben Sie sich Zeit, gestehen Sie sich Fehler und Rückfälle zu. Sie sind dabei schon auf einem guten Weg.

Ursachen mangelnder Gelassenheit

Ab wann sind wir unfähig, gelassen zu bleiben? Darauf gibt es wohl so viele Antworten, wie es Menschen gibt. Sicher ist, es sind immer sehr viele Emotionen und Spannungen im Spiel. Deren Auswirkungen sind höchst unterschiedlich.

Was passiert, wenn wir die Fassung verlieren?

Fehlende Gelassenheit ist nicht mit einem einzigen Zustand zu beschreiben. Sie ist ein ganz individuelles Reaktions-Potpourri, das jeder aufgrund seiner Persönlichkeit zusammenstellt. Der eine brüllt, der andere jammert und weint. Konkreter kann man sagen: Anstelle von Besonnenheit tritt ein stressbedingtes Verhaltensmuster zur Abwehr in den Vordergrund.

Den meisten gelingt es nicht zu sagen, was in der Situation konkret geschieht. Man befindet sich in einer emotional verworrenen Lage. Ungeordnete Gedanken schwirren durch den Kopf. Gefühle toben. Körperliche Reaktionen wie Schweißausbrüche, Muskelverspannungen, Zittern usw. treten auf. Typische Emotionen, die wir dabei empfinden, sind: Ärger, Anspannung, Angst, Hilflosigkeit, Frustration, Unsicherheit, Verwirrung, Kontroll-/Zielverlust, Wut oder Ohnmacht.

Das Gehirn wähnt sich in einer Gefahrensituation und schaltet auf Alarm. Die Reaktionen, die dabei ausgelöst werden, sind vergleichbar mit denen des Neandertalers, der sich einem Angreifer gegenüber sah. Der Körper unterscheidet nicht, wodurch der Stress ausgelöst wurde. Stress ist Stress. Deshalb tun wir emotional annähernd das Gleiche wie unsere Vorfahren: Wir kämpfen oder fliehen. Doch: Klares Denken funktioniert niemals, wenn wir wie ein Dampfkessel kurz vor der Explosion stehen oder sehr aufgeregt sind. Ein Mensch, der dabei ist, die Beherrschung zu verlieren, ist auch gegenüber Argumenten, gut gemeinten Tipps und Ermahnungen völlig immun. Deshalb gilt es, an dieser Stelle rechtzeitig die Kurve zu kriegen und die Spannung abzubauen.

Was lässt uns ausrasten?

Meist schreiben wir fälschlicherweise einem Akut-Ereignis die Schuld zu, wenn uns die Contenance abhanden kommt. Der Verlust von Gelassenheit ist aber selten ein plötzliches Ereignis. Er ist vielmehr die Folge eines Prozesses, während

dessen sich Spannung über längere Zeit aufgebaut und ange-
staut hat. Irgendwann genügt der bekannte Tropfen, der das
Fass zum Überlaufen bringt.

Die Tatsache, dass sich so viel Anspannung aufbauen konnte,
hat mit unserer gedanklichen Grundhaltung zu tun. Diese ist
dafür verantwortlich, wie wir ein Ereignis bewerten. Negative
Beurteilungen von Situationen lassen immer mehr Angst oder
Ärger entstehen. Infolge des angestauten Drucks kommt es
irgendwann zu einer explosionsartigen Reaktion.

Jeder Mensch erlebt Druck anders. Es gibt aber mehrere Faktoren, die nahezu übereinstimmend als Spannungsauslöser
gelten. Dazu zählt vor allem als Grenzüberschreitung emp-
fundenes Verhalten wie:

- Eindringen in die Privatsphäre,
- Verletzung gesellschaftlicher Normen,
- Angriffe auf die Person.

Wir fühlen uns dabei ungerecht oder schlecht behandelt,
betrogen oder missbraucht. Insbesondere Verletzungen der
Identität und Integrität führen zu starkem inneren Druck,
z. B. bei ungerechtfertigten Unterstellungen oder Schuldzu-
weisungen. Zudem gehen wir erfahrungsgemäß von einem
bestimmten Verhalten unseres Gegenübers oder der Entwicklung einer Situation aus. Wir haben ein grundlegendes Muster im Kopf, wie die Dinge ablaufen sollten, beispielsweise
erwarten wir Lob nach einer gelungenen Arbeit. Tritt nun
etwas völlig Unerwartetes ein, wird dadurch die eigene Erwartung verletzt oder zerstört, bringt das die persönliche

Ordnung und Stabilität durcheinander. Wir reagieren dann deshalb so wenig gelassen, weil wir emotional aus der Bahn geworfen wurden.

> Geschieht etwas anderes als erwartet, erleben wir unsere Ordnung und – in Folge – uns als Person in Gefahr. Diese Gefahr löst immer Stress aus. Stress wiederum zerstört Gelassenheit.

Reaktion statt Aktion

Wenn wir uns angegriffen fühlen, setzen wir uns zur Wehr. Wir reagieren auf den vorliegenden Missstand. Empfinden wir es nun so, dass wir uns permanent zu Wehr setzen und re-agieren müssen, erleben wir uns als fremdgesteuert. Wir agieren nicht mehr, wie wir wollen, sondern re-agieren auf etwas, das andere vorgeben. Dabei können wir nicht beeinflussen, was als Nächstes geschehen wird. Durch diese Unsicherheit aktivieren wir körperliche und psychische Warnfunktionen.

Reaktives Modell

Re-aktives Verhalten: Ein Reiz löst unsere Reaktion aus.

In der Stress-Spirale

Alarm- und Abwehrzustände bauen ungünstigerweise Druck, Unruhe und Angst immer weiter auf. Ist das Maß voll, lassen wir uns zu Abwehrreaktionen hinreißen, die wir hinterher bereuen. Das bringt weitere Probleme mit sich, und der Stress nimmt weiter zu. Denn mit erhöhtem Stresspegel werden wir nicht unbedingt kreativer. Das Gegenteil tritt ein: Wir konzentrieren uns immer schlechter auf Fakten und Lösungen. Ohne effektives Nachdenken gehen uns jedoch erst recht die Ideen und Bewältigungsstrategien aus. Wer hier nicht rechtzeitig den Ausstieg schafft, gerät in einen fatalen Teufelskreis.

Immer mehr vom Gleichen

Dieser Teufelskreis hat ein stereotypes Verhalten zur Folge. Etwas geschieht und wir reagieren. Das Schlimme daran ist: Wir reagieren immer in der gleichen Art und Weise, obwohl wir wissen, dass diese nicht zielführend ist. Wir verhalten uns wie der Pawlow'sche Hund: Wir tun das, was wir immer tun, auch wenn wir uns dabei blutige Nasen holen. Und wenn der gewünschte Effekt nicht eintritt, verstärken wir unser Handeln. Sprechen wir z. B. mit jemandem, der nicht auf uns eingeht, werden wir zuerst lauter, dann nachdrücklicher und irgendwann beginnen wir zu brüllen.

Beispiel

 Frau H. berichtet: „Meine Tochter und ich können nicht mehr normal miteinander reden. Ich bitte sie z. B. um eine kleine Gefälligkeit. Sie reagiert nicht. Ich ermahne sie wieder und wieder. Nichts passiert. Immer schneller kommt der Punkt, an dem ich nicht mehr bitte, sondern brülle. Sie schreit zurück. Wir streiten entweder oder sagen nichts zueinander. Ich habe mir das nicht ausgesucht. Aber ich kann mir nicht alles bieten lassen. Ich kann nichts dafür, wenn sie so mit mir umgeht."

Wenn wir stets das Gleiche, Nicht-Zielführende tun, hält uns diese Situation stabil gefangen. Albert Einstein bringt es gut auf den Punkt: „Wahnsinn ist, in immer der gleichen Weise zu verfahren und dabei auf neue Ergebnisse zu hoffen."

Beispiel

 Herr K. berichtet: „Es ist immer so, wenn ich Frau S. sehe, dass mir dann sofort der Kamm schwillt. Diese Frau ist ein rotes Tuch für mich. Sie regt mich schon auf, wenn sie den Mund aufmacht! Wir können einfach nicht miteinander und geraten deshalb regelmäßig aneinander."

Klar erkennbar: Dieses Verhalten ist weder vorteilhaft noch besonders komfortabel. Wir wissen genau, worauf es hinauslaufen wird. Und doch tun wir immer wieder ungerührt genau das, was uns immer wieder in die Bredouille bringt. Im Beispiel von Herrn K. ist das: sich reizen lassen, sich aufregen, mit dem nächsten Clinch rechnen und sich damit abfinden. Wir nehmen selbst keinen Einfluss auf die Situation, um sie zu verbessern oder zu entschärfen. Wir bedauern uns und hadern. Und genau dieses Gefühl des Ausgeliefert-Seins erzeugt Ohnmacht. Wiederholen wir diese Verhaltensweisen oft genug, fühlen wir uns irgendwann in der Rolle des Opfers.

Die Opferhaltung

In die Rolle des Opfers bringt sich, wer einem Umstand oder einem anderen Menschen die Schuld an etwas gibt. Ursachen für ein Problem werden außerhalb der eigenen Person gesehen und gesucht. Bei dieser Sichtweise wird das eigene Verhalten kaum reflektiert und schon gar nicht verändert. Die

Welt wird aufgeteilt in Verursacher und Opfer – wobei die anderen die Verursacher sind und wir das leidgeplagte Opfer.

Andere zerstören unsere Gelassenheit?

Diese Verursacher trampeln nur so in unserem Leben herum. Natürlich ist es dann aus mit der Gelassenheit. Wie sollen wir auch ruhig bleiben, wenn andere nerven, uns auf die Palme bringen und mit uns machen, was sie wollen? Das ist genau der Punkt, an dem der Glaube entsteht, dass wir nur dann ein gelassenes Leben führen können, wenn andere Menschen oder günstige Umstände uns das gestatten. Logischerweise hängt die Gelassenheit dabei an einem seidenen Faden: Denn wir haben mit dieser gedanklichen Haltung überhaupt keinen eigenen Einfluss darauf. Fest steht: „Die anderen sind schuld." Selbstverständlich müssen wir daran nichts verändern. Wir sollten uns dann nur nicht mehr wundern, dass wir einfach nicht gelassener werden.

Beispiel

Frau J. berichtet von ihrem Arbeitsplatz: „Ich betreue mehrere Projekte gleichzeitig sowie die telefonische Hotline. Glauben Sie, dass meine Kollegen darauf Rücksicht nehmen würden? Dass sie nachsichtiger wären, wenn ich Termine nicht halten kann? Ich kann mich zerteilen und dann kommt noch immer keiner auf die Idee, mir zu helfen. Jeder kümmert sich nur um seine Angelegenheiten. Meine Assistentin bewegt sich keinen Schritt schneller, obwohl sie genau sieht, wie sehr ich im Stress bin. Oder mein Chef, glauben Sie, der würde mich entlasten und die Arbeit mal anders verteilen? Wie sollte ich dabei noch gelassen bleiben?"

Die vorliegende Erwartungshaltung bei Frau J. ist, dass andere etwas tun müssen, damit ihr Wohlbefinden und ihre Gelassenheit erhalten bleiben. Somit entsteht ein fataler Denkfehler: „Wenn andere Personen mich nicht entlasten, kann ich unmöglich gelassen sein."

Sind es wirklich die anderen?

Doch für unsere Gelassenheit sind ausschließlich wir selbst verantwortlich. Nur wir können dafür sorgen, dass wir besonnen werden oder bleiben. Das kann kein anderer für uns tun. Ebenso wenig kann ein anderer unsere Gelassenheit zerstören.

> Ob andere unsere Erwartungen erfüllen, können wir nicht beeinflussen. Wir können nur Wünsche oder Bitten äußern. Was wir aber beeinflussen können, ist unser Denken und Verhalten. Das Fundament für Gelassenheit liegt in unserem Kopf!

Typische Reaktionsmuster

Wird innerer Druck aufgrund von Ärger, Stress oder Angst zu hoch, entsteht der natürliche Wunsch, ihn loszuwerden. Deshalb müssen wir uns von Zeit zu Zeit ab-reagieren. Die Opferhaltung lässt zwei gängige, reaktive Verhaltensweisen entstehen: Offensive oder Defensive.

Variante 1: die Offensive – sich schlagartig wehren

Hierbei holt man in dem Augenblick, in dem das Fass überläuft, zu einem gewaltigen Rundumschlag aus. Der lange angestaute Ärger wird am zufälligen Gegenüber ausgelassen.

Jeder, der nicht schnell genug das Weite sucht, bekommt etwas ab. Voll zurückschießen, heißt die Devise. Auf der Beliebtheitsskala sehr weit oben: Auf den Tisch hauen, Türen knallen, Brüllen mit hochrotem Kopf usw.

Beispiel

Frau S. leidet immer wieder unter derselben Reaktion: „Meistens sind es Gespräche mit Mitarbeitern. Wenn mir das zu lange dauert, fühle ich Zeitdruck. Reagiert der Mitarbeiter nicht auf meine Argumente und kommt mir wieder mit irgendwelchen Problemen, spüre ich: Jetzt fahre ich gleich aus der Haut.

Wenn ich sage, dass ich keine Zeit mehr habe, reden die einfach weiter. Dann platzt mir der Kragen. Ich werde böse, manchmal auch ungerecht. Ich lasse mich zu verbalen Tiefschlägen hinreißen oder werfe sie raus. Kurz danach fühle ich mich zwar entspannter, aber dann miserabel. Es ärgert mich, tut mir leid und ich möchte es ungeschehen machen. Ich weiß, dass meine Ausraster Zeichen von Schwäche sind. Es macht mich wütend, dass meine Mitarbeiter mich immer wieder so weit bringen. Tausend Mal habe ich erklärt, dass sie das mit ihren direkten Vorgesetzten besprechen sollen. Die lernen aber auch kein Quantchen dazu."

Variante 2: die Defensive – still ertragen

Menschen in dieser Schutzhaltung eignen sich rasch hilfreiche Strategien an, um unsympathische Mitmenschen und unangenehme Situationen kampflos ertragen zu können. Sie lernen, Ärger und Ungerechtigkeiten in sich hineinzufressen, umgehen Konflikte und stecken Wut weg. Unverschämtheiten nehmen sie hin, wenn auch verletzt. Dazu müssen sie Attacken anderer relativieren und die Schuld bei sich suchen. Stress, Anspannung, Nervosität, körperliche und psychosomatische Erkrankungen werden über einen sehr langen Zeitraum toleriert oder ignoriert. Diese Menschen verfügen über eine besondere Ausprägung von stiller Leidensfähigkeit.

Beispiel

 Herr N. berichtet im Rückkehrgespräch nach 9-monatiger Krankschreibung aufgrund eines Burn-out-Syndroms: „Ich habe alles klaglos hingenommen. Weil mir die Projektleitung so wichtig war, weil ich mit niemandem einen Konflikt haben wollte und weil wir uns keine Verzögerungen leisten konnten.

Meine Arbeit ist mir sehr wichtig. Ich war immer da. Sogar krank bin ich in die Firma gefahren, habe auch an Wochenenden gearbeitet. Aber bei dem extremen Zeitdruck hat dann jeder nur noch seine Probleme bei mir abgeladen. Was sollte ich denn tun? Ich stand in der Verantwortung und musste das doch lösen. Ich habe mich über die Maßen engagiert. Wir haben es schließlich geschafft, aber kein Wort der Anerkennung. Als ich dann zum Projektabschluss auch noch Vorwürfe und Unterstellungen zu hören bekam, war es einfach zu viel. Ich bin regelrecht in die Knie gegangen und habe das alles teuer mit meiner Gesundheit bezahlt."

Rechtfertigung des Verhaltens

Hat es, in welcher Form auch immer, gekracht, äußern sich Menschen häufig folgendermaßen: „Mir ist leider gelassenes Verhalten nicht in die Wiege gelegt worden. Dass ich manchmal die Kontrolle verliere, dafür kann ich doch nichts. Ich bin einfach so." Das bewirkt, dass sie ihr Empfinden und Verhalten als gottgegeben und nicht steuerbar ansehen. Auch hier glauben sie, es hätte vorrangig nichts mit ihnen zu tun, wie sie sich verhalten.

Der Fokus ihrer Betrachtung liegt auf etwas außerhalb ihrer Person. Dadurch bescheinigen sie sich fehlenden Einfluss

- auf die Situation und
- auf ihr Verhaltensrepertoire.

Dabei sollten wir uns klarmachen: Wir *müssen* uns nicht bis zur Weißglut in etwas hineinsteigern. Wir *müssen* niemanden anbrüllen oder Tassen an die Wand werfen. Wir *müssen* auch keine Problemsituation dauerhaft ertragen. Es ist unsere freie Entscheidung, was wir tun wollen. Wir haben Einfluss darauf, die Situation zu gestalten. Tun Sie frühzeitig das, was für Sie gut ist.

> „Die Freiheit des Menschen liegt nicht darin, dass er tun kann, was er will, sondern darin, dass er nicht tun muss, was er nicht will." (Jean-Jacques Rousseau)

Die Lösung: pro-aktiv statt re-aktiv

Für unsere Gelassenheit müssen wir uns selbst die Basis schaffen. Statt re-aktiv sollten wir aktiv handeln. Das heißt, nicht darauf zu warten, bis unser Gegenüber den Ball spielt, um dann zurückzuschießen. Es bedeutet, das übliche Fahrwasser zu verlassen und sich aktiv eine passende, alternative Handlungsmöglichkeit auszusuchen. Dabei ist es wichtig, Ihre Selbstwahrnehmung, Ihre Vorstellungskraft, Ihr Gewissen und Ihren freien Willen mit einzubeziehen. Sie werden schnell merken, dass mit dieser Betrachtungsweise viel mehr Optionen und Handlungsspielräume auftauchen. Sie haben damit die Wahlfreiheit, wie Sie reagieren wollen. Sie entscheiden. Sie agieren. Sie haben Ihr Verhalten in der Hand.

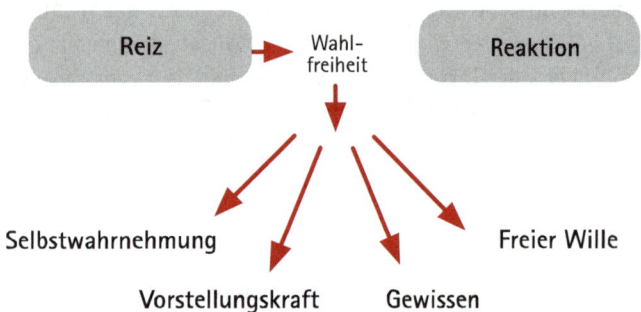

Pro-aktives Modell

Pro-aktives Verhalten

Beispiel

Sobald Frau S. bei den Mitarbeitergesprächen selbst wahrnimmt, dass sie unter Druck und in Wut gerät, hat sie die Wahl. Statt ärgerlich zu werden, kann sie z. B. von vornherein aktiv eine konkrete Gesprächsdauer festlegen. Damit nimmt sie sich den Druck, dass sich das Gespräch ungeplant ausdehnt. Der Kommunikationspartner kennt die Gegebenheiten und kann sich darauf einstellen.

Herr N. muss sich nicht gegen seinen Willen vollständig körperlich und seelisch verausgaben. Er kann im Vorfeld körperliche Warnsignale wahrnehmen. Das ist der Zeitpunkt zur aktiven Handlung. Er kann eigenverantwortlich entscheiden, ob er Verantwortung abgibt, Aufgaben delegiert, Unterstützung anfordert. Er kann und muss auch seine Arbeitszeiten in einem verträglichen Maß halten, damit er sich selbst nicht schadet. Das ist aktives Entscheiden, Grenzen setzen, Handeln.

Wie Sie von Gelassenheit profitieren

Gelassenheit steigert die Lebensqualität bedeutend. Gelassene Menschen bleiben gesünder. Sie machen sich weniger Sorgen, grübeln weniger, sind insgesamt zufriedener mit ihrem Leben. Gelassene Menschen sind unterm Strich auch glücklicher.

Gesund bleiben

Wer im ständigen Alarmzustand lebt, kann weder schlafen noch entspannen. Und wer nicht entspannt, bekommt nicht die verbrauchte Energie zurück, die er benötigt, um sein Leben zu meistern.

Dauernde Überlastung und Stress machen krank. Es drohen Bluthochdruck, Herz-Kreislauf-, psychosomatische und psychische Erkrankungen. Auch unsere Sprachmuster können ein Indiz für Überlastungen sein. Vielleicht ist Ihnen die eine oder andere Aussage geläufig oder Sie benutzen sie selbst. Solche Äußerungen sind oftmals bereits ein Hinweis auf entsprechende körperliche Schwachstellen:

- Das ist mir an die Nieren / Nerven gegangen.
- Ich habe einfach zu viel am Hals.

- Ich habe eine Mordswut im Bauch.
- Das habe ich mir sehr zu Herzen genommen.
- Ich habe den Buckel voller Probleme.

Es ist leicht nachvollziehbar, wer bei diesen Beschreibungen unter Rückenschmerzen, Nierenkoliken, Herzproblemen usw. leidet.

Wer gelassen ist, achtet auf ein ausgewogenes Verhältnis zwischen Arbeit und privaten Interessen. Persönliche Bedürfnisse und Familienleben stehen mit den Anforderungen der Arbeitswelt im Einklang. Gelassene Menschen fühlen sich wohler, haben mehr Spaß und Freude im Leben und gute zwischenmenschliche Beziehungen. Das alles sind Faktoren, die sie langfristig gesünder bleiben lassen.

Weniger Stress und Angst

Viele Stresssituationen können Angstreaktionen auslösen. Nach aktuellen Untersuchungen haben sich körperliche und psychische Stressoren klar als Angstauslöser erwiesen. Hauptursache ist die Daueranspannung, die ihrerseits Probleme schafft. Auf Stress folgt Angst, auf Angst folgt Stress. Die körperliche Erregungslage schaukelt sich immer weiter auf.

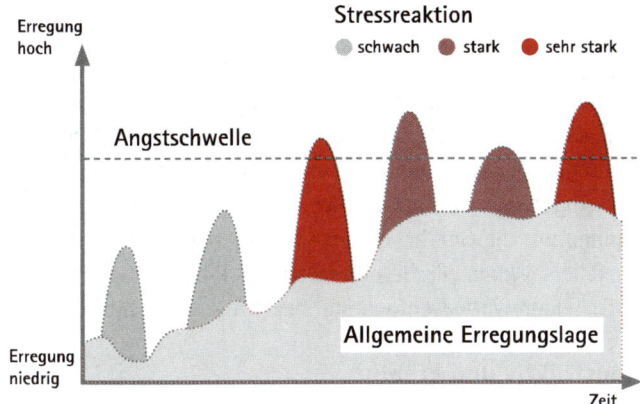

Entwicklung der Erregungslage

Gelassene Menschen lassen sich deutlich weniger stressen und haben in der Folge weniger unter Ängsten zu leiden. Sie schaffen es, auf niedrigem Erregungsniveau und damit unterhalb der Angstschwelle zu leben. Das ermöglicht ihnen nicht nur, einen kühlen Kopf zu bewahren, es lässt auch Lebensfreude und Erholung zu.

Bessere Entscheidungen

Gelassene Menschen treffen oft bessere Entscheidungen, denn sie setzen sich selbst nicht so stark unter Druck, bleiben ruhiger und entscheiden nicht vorschnell. Manches, was hektisch entschieden wird, ist noch gar nicht in allen Punkten geklärt. Entscheidungen, die nicht gelassen getroffen werden, erweisen sich deshalb oft als suboptimal. Mit Besonnenheit können Fakten und Argumente abgewogen werden.

Durch gelassenes Analysieren kommt man zu besseren Entschlüssen. Die Redewendung, vor jeder Entscheidung erst einmal eine Nacht zu schlafen, ist bekannt. Sie besagt: Entscheidungen sind oft von unserer momentanen Gefühlslage abhängig. Der Wütende neigt z. B. rasch zu einer Ablehnung, der Ängstliche stimmt zu schnell zu. Durch Gelassenheit bannen wir die Gefahr, eine emotionsgeladene Entscheidung zu fällen. Wenn wir besonnen an ein Problem herangehen, entscheiden wir wesentlich durchdachter und damit besser.

Konstruktiv und kreativ

Gelassene sind häufig erfolgreicher als andere, weil sie Aufgaben oder Schwierigkeiten mit Abstand aus der Entfernung betrachten. Durch diesen Helikopterblick weitet sich das Sichtfeld. Andere Meinungen und Hinweise werden einbezogen und die Situation kann aus verschiedenen Perspektiven beleuchtet werden.

Unter Stress sind wir nicht zu kreativen, weiterführenden Gedanken im Stande. Wir denken ausschließlich in eine, immer gleiche Richtung. Dieses Denken nennt man konvergent. Der Lösungsstil sieht damit folgendermaßen aus:

Problem / Aufgabe ➤ **Lösung / Ziel**

Konvergentes Denken

Wenn uns der bekannte Lösungsweg, aus welchem Grund auch immer, versagt ist, dann haben wir keine Lösung. Wir geraten gedanklich in eine Sackgasse. Dadurch nehmen

Druck, Stress, Anspannung wiederum zu. Gelassene Menschen gehen anders an eine Aufgabe heran. Sie legen mehr Kreativität an den Tag. Durch Abstand wird man objektiver in seiner Sichtweise. So findet man konstruktivere und fantasievollere Lösungen. Gelassene nutzen die Möglichkeit, einen anderen als den gewohnten Weg einzuschlagen.

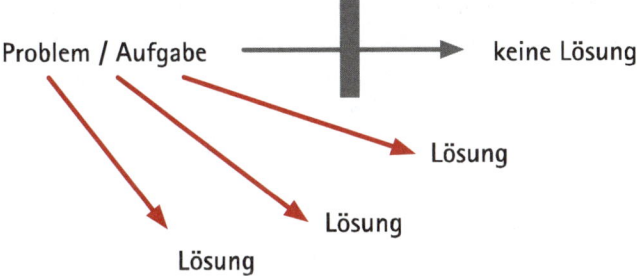

Divergentes Denken lässt vielfältigere Lösungen entstehen

Dieser ungewohnte Weg ist oft wesentlich zielführender. Er benötigt jedoch anfanglich mehr Zeit und Geduld. Durch Gelassenheit finden wir ein umfangreicheres Lösungsspektrum und kommen damit oft zu besseren Ergebnissen.

> Je gelassener wir bleiben, desto mehr Handlungsspielraum erkennen wir. Nur dann fühlen wir uns als Steuermann unseres Lebens. Suchen Sie nach weiteren Lösungsmöglichkeiten. Tun Sie etwas anderes als das, was Sie bisher nicht weiterbrachte.

Mehr Produktivität

Wir wissen aus einer Vielzahl an Untersuchungen, dass entspannte, ruhige und fröhliche Menschen deutlich produktiver sind als andere. Wer sich morgens mit letzter Kraft aus dem Bett quält, ist sicher nicht auf dem Weg zum Höhenflug. Gelassene verfügen über eine ausgeglichene Energiebilanz. Sie jonglieren geschickt mit Anstrengung und Entspannung.

Durch Lockerheit und Kreativität bleiben sie auch in schwierigen Situationen optimistisch, selbstbewusst und lösungsorientiert. Diese Haltung ist deutlich weniger nervenaufreibend als Anspannung und Stress. Ausgeglichenheit macht Menschen belastbar und lässt sie ihre Arbeitskraft dauerhaft zum Einsatz bringen. Gelassene Menschen setzen ihre Energie sinnvoll ein und sind dadurch leistungsfähiger.

Ausgeglichenheit

Wir benötigen zum produktiven, kreativen und schöpferischen Arbeiten ein angemessenes Verhältnis von Herausforderung und Entspannung. Wenn dabei ab und zu Stress aufkommt, ist es in der Regel kein Drama. Bei positivem Stress (dem sogenannten Eu-Stress) erleben wir Vitalität, Enthusiasmus, Optimismus, Stärkung unserer Arbeitsproduktivität und ein befriedigendes Gefühl.

Positive Herausforderungen stärken unsere Ressourcen, vermitteln das Gefühl, Kontrolle über die Situation zu haben, zu wissen, dass man leistungsfähig ist, Unterstützung von anderen erfährt, Erfolgserlebnisse hat. Der Eu-Stress setzt jedoch eine begrenzte Dauer voraus. Zur Ausgeglichenheit gehört ein ausgewogenes Maß von An- und Entspannung. Solange wir in diesem Zustand sind, haben wir die Fähigkeit, sensibel abzuschätzen: Weiterarbeiten oder eine Pause einlegen? Wir nehmen körperliche Signale wahr und überfordern uns nicht. Wir verlieren Energie, tanken diese jedoch wieder auf und bleiben dabei sehr leistungsfähig.

Mehr Selbstbewusstsein

Selbstbewusstsein ist nicht angeboren, sondern wird im Laufe des Lebens durch positive Erfahrungen erworben und verinnerlicht. Wer sich im Klaren darüber ist, was er leisten kann und dass er fähig ist, Probleme zu lösen, wer die Erkenntnis hat, dass man auch ein Desaster überlebt, wird zunehmend selbstbewusster. In diesem Wort steckt bereits die Bedeutung: Sich seines Selbst bewusst sein. Gelassene Menschen sind selbstbewusster als andere. Sie wissen, was sie können, sie nehmen ihr Leben in die Hand, sie akzeptieren es nicht, von anderen permanent dirigiert zu werden. Sie fällen bewusste Entscheidungen – bewusst und im eigenen Interesse.

Mehr Vertrauen und Akzeptanz bei anderen

Wer hektisch, nervös und planlos agiert, gilt selten als vertrauensvoller Sympathieträger. Die Wirkung unseres Verhaltens prägt das Miteinander; ebenso die Akzeptanz: Menschen, die gelassen und souverän Entscheidungen fällen, werden schneller von anderen akzeptiert. Das hat Auswirkungen auf das Privat- und Berufsleben, denn Gelassene genießen deutlich mehr Vertrauen. Wir vertrauen ihnen leichter, weil wir glauben, dass sie wohldurchdacht und zielführend vorgehen. Wir trauen ihnen zu, Probleme in den Griff zu bekommen und auch unter Druck noch klar denken zu können. Aus diesem Grund sind es meistens die Gelassenen, die herausfordernde Projekte anvertraut bekommen und dadurch wiederum Erfolge verbuchen können.

Auf einen Blick: Was ist Gelassenheit?

- Gelassenheit ist innere Ruhe und Ausgeglichenheit. Sie erlaubt uns, maßvoll und angemessen mit Menschen und Situationen umzugehen.

- Gelassenheit ist nicht naturgegeben, sie lässt sich trainieren – unabhängig vom Persönlichkeitstyp.

- Grund für mangelnde Gelassenheit können Angriffe auf die persönliche Integrität und Grenzüberschreitungen sein. Häufig aber steht im Vordergrund die Haltung, das eigene Befinden ausschließlich von anderen Menschen oder Umständen abhängig zu machen.

- Wenn wir die Fassung verlieren, reagieren wir nach stereotypen Mustern und sind nicht in der Lage, uns selbst zu hinterfragen. Wir denken nur in eine Richtung.

- Typische Abwehrreaktionen sind offensive Explosion oder defensive Resignation.

- Gelassene Menschen leben gesünder, sind kreativer, produktiver und treffen bessere Entscheidungen. Sie befinden sich in Harmonie mit sich selbst und ihrer Umgebung.

So arbeiten Sie an Ihrer Einstellung

Unser Tun folgt unserer Sichtweise auf die Dinge. Denken und Handeln hängen eng miteinander zusammen. Wollen wir gelassener agieren, müssen wir daher zunächst unsere Einstellungen überprüfen.

In diesem Kapitel geht es darum,

- hemmende Vorstellungen, die man von sich selbst und von anderen hat, zu erkennen und zu hinterfragen (S. 32),
- selbstverantwortlich mit sich umzugehen, um Sicherheit zu gewinnen (S. 59),
- die innere Kommunikation positiv und lösungsorientiert zu gestalten (S. 66) und
- sich seine Bedürfnisse und Werte als Rahmen für das eigene Handeln zu vergegenwärtigen (S. 70).

Hemmschuhe erkennen und überwinden

Unsere Sichtweisen und Interpretationen von Situationen sind für Gelassenheit ausschlaggebend. Es liegt deshalb nahe, zunächst bei sich selbst zu beginnen, wenn man gelassener werden möchte. Bei genauem Hinsehen zeigt sich: Nicht gelassene Menschen verfügen im Denken und Fühlen über eingefahrene Muster, die sie dazu bringen, in bestimmten Situationen oft in gleicher Weise zu reagieren. Nicht zielführende Muster kann man erkennen und verändern: ein erster Schritt zu mehr Gelassenheit.

Eingeschränkte Wahrnehmung

Beispiel

 Wir kennen alle das Spiel von Kleinkindern, die vor uns stehen, sich die Augen zuhalten und weil sie selbst nichts sehen, rufen: „Du siehst mich nicht!"

Das Kind meint: Ich sehe nichts, deshalb ist es so, dass du auch nichts sehen kannst. Darüber lächeln wir Großen gern, denn wir durchschauen ja diesen Kinderkram. Wenn wir dies beobachten, ist uns sonnenklar, dass das kindliche Gehirn hier einem Fehler unterliegt. Doch erstaunlicherweise verhalten wir uns oft genug nach einem vergleichbaren Schema.

Wir lassen häufig außer Acht, dass wir selbst nicht alles im Blick haben und unsere Perspektive daher keine umfassende Übersicht zulässt. Dadurch, dass wir nicht alles rundum erkennen, unterliegen wir oft Fehlurteilen. Es ist schon viel gewonnen, wenn wir uns bewusst machen: Unsere Realität ist ein Produkt unserer eingeschränkten Wahrnehmung. Es kann nämlich immer auch ganz anders sein, als es scheint.

Kleiner Test: Wie wahr ist unsere Wirklichkeit?

Was meinen Sie: Handelt es sich bei den waagerechten Linien um zwei Parallelen? Verlaufen die zwei horizontalen Linien parallel oder haben sie eine Ausbuchtung?

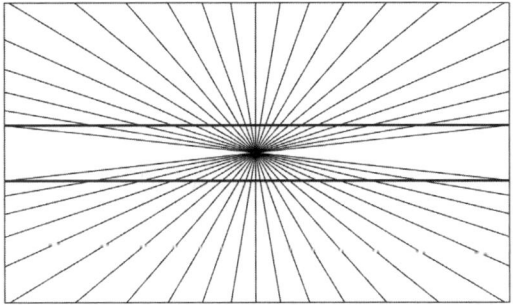

Antwort: Die Linien verlaufen exakt parallel. Unser Gehirn unterliegt in diesem Fall einer Wahrnehmungsstörung.

Das Beispiel ist zwar rein optisch, doch können wir die Erkenntnis der Täuschung auf unser Denken übertragen. Meist glauben wir aufgrund einiger Eckpunkte, Bescheid zu wissen. Machen wir uns bewusst: Das kann trügerisch sein. Viele Dinge sind nicht so, wie sie auf den ersten Blick erscheinen. Deshalb ist es wichtig, bevor wir uns zu unbedachten Handlungen hinreißen lassen, zu hinterfragen, ob unser erster Eindruck stimmt. Wir müssen in Betracht ziehen, dass wir eventuell einer Fehlinterpretation unterliegen. Mit dieser

Erkenntnis lässt es sich ruhiger abwarten und gelassener leben.

Beispiel

„Meine direkte Kollegin war immer sehr aufgeschlossen und lustig und wir haben viel privat unternommen. Mehr und mehr ist mir aufgefallen, dass sie sich zurückzog und an keinen Unternehmungen mehr teilnahm. Ich empfand das als bedrückend und habe mich gefragt, was ich falsch gemacht habe. Darauf angesprochen, bekam ich nur eine ausweichende Antwort. Dann dachte ich mir, dass es garantiert an ihrem neuen Freundeskreis liegt. Seit einiger Zeit ist sie mit einem Bankdirektor liiert. Sicher passen wir einfachen Kolleginnen da nicht mehr in ihre Welt. Mir war es irgendwann auch egal, denn wer nicht will, der hat schon.

Sie wurde jetzt kürzlich operiert und macht Chemotherapie. Als ich das erfuhr, war ich wie vom Blitz getroffen. Ich habe keine Spur daran gedacht, dass etwas anderes als ihr Bankdirektor hinter der Sache stecken könnte."

Wahrnehmungsfilter im Kopf

Wahrnehmungsfilter sind bei uns allen aktiv, in den unterschiedlichsten Situationen.

Typische Wahrnehmungsfilter
▪ Man sieht nur das, was man kennt. Alles, was sich außerhalb unseres Weltbildes befindet, wird nicht wahrgenommen.
▪ Wir überblicken oft nur Bruchteile von Gegebenheiten.
▪ Wichtige Informationen werden unbewusst ausgeblendet (getilgt).

- Es werden manchmal Zusammenhänge kreiert, die nicht kausal sind (Verzerrung).

- Bewertungen sind immer individuelle Sichtweisen – sie müssen nicht stimmen.

- Zwei Menschen können ein und dieselbe Situation komplett unterschiedlich beurteilen, berühmtes Beispiel: „Das Glas ist halb voll" beziehungsweise „halb leer".

Was also ist richtig oder wahr? Haben wir nicht alle schon die Erfahrung gemacht: Manche Dinge sind oder entwickeln sich ganz anders als erwartet?

Gelassen bleiben – andere Möglichkeiten in Betracht ziehen

Wenn wir uns vorstellen, wie groß die Wahrnehmungsfilter in unserem Kopf sind, dann werden wir nicht mehr vorschnell Situationen negativ bewerten oder behaupten, genau Bescheid zu wissen. Und wenn wir unsere Sicht nicht zur absoluten Wahrheit erheben, entsteht Raum für weitere Möglichkeiten und Handlungsoptionen. Wenn wir wissen, dass wir nichts (genau und umfassend) wissen, dann können wir Situationen mit mehr Distanz betrachten.

Beispiele

 Der Chef meinte vielleicht die kauzige Bemerkung gar nicht so unfreundlich, wie wir sie verstanden haben. Möglicherweise projizierte er seine Aussage auf jemand anderen. Vielleicht gibt es Probleme in einem Bereich, von dem wir nichts ahnen? Eventuell schätzt er eine Situation als bedrohlicher oder dringender ein, als wir momentan nachvollziehen können. Vielleicht hat er extremen Stress?

Die pubertäre Tochter ist mies gelaunt, weil sie gebeutelt ist von altersgemäßen Höhen und Tiefen. Das bedeutet weder, dass sie uns hasst, noch, dass sie uns absichtlich den Tag vermiesen will. Sie hat einfach eine hormonbedingt schwierige Phase und zickt. Das hat per se nichts mit uns zu tun.

Der Kollege ist nicht deshalb so wenig hilfsbereit, weil er nicht engagiert ist, sondern weil er in Trennung lebt, sich um drei Kleinkinder kümmern muss und nicht weiß, wie er das bewältigen soll.

Die Einschätzung einer Situation ist immer subjektiv. Und es gibt eine Menge uns unbekannter Gründe dafür, warum etwas so läuft, wie es läuft. Warum Menschen sich so verhalten, wie sie sich verhalten. Sinnvoll ist es dabei, verschiedene Möglichkeiten in Betracht zu ziehen. Das lässt uns viel gelassener bleiben, abwarten, kreativ sein, nicht vorschnell gekränkt, wütend oder unsererseits beleidigend reagieren.

> Lassen wir andere Meinungen zu und akzeptieren sie im Wissen darum, dass unsere Wahrnehmung meistens eingeschränkt und einseitig ist. Diese Überzeugung gibt uns die Möglichkeit, uns ruhig und gelassen zu verhalten.

Festgelegte Erwartungshaltung

Der Automobilhersteller und Gründer der modernen Fließbandfertigung, Henry Ford, sagte einmal: „Es gibt zwei Möglichkeiten. Entweder du stellst dir vor, du schaffst es. Oder du stellst dir vor, du schaffst es nicht. Und genau so wird es kommen. Wir sind das, was wir zu sein glauben. An etwas glauben heißt: Es wird passieren." Auf den ersten Blick ist das eine gewagte Aussage. Und doch: Sie scheint sich zu bewahrheiten. Beweise dieses Effekts gibt es in unterschiedlichen Bereichen.

Der Placebo-Effekt – eine rein mentale Leistung

Der oben beschriebene Effekt wurde tausendfach in Placebo-Studien der Medizin nachgewiesen. Ein Placebo ist eine Tablette oder ein medizinisches Präparat, welche(s) keinen pharmazeutischen Wirkstoff enthält. Inhaltsstoffe sind meist unwirksame Stärke, Milchzucker oder Kochsalzlösung. Es gibt also keine Arzneimittelwirkung, da keine entsprechende Substanz vorhanden ist. Dennoch zeigte sich wiederholt, dass Placebos hochwirksam sein können, z. B. bei Rückenschmerzen. Allein die Information, ein starkes Schmerzmittel zu bekommen, führte in Untersuchungen zu einem klinisch relevanten, schmerzlindernden Effekt.

Man weiß, dass 30 bis 60 Prozent der Wirkung aller Medikamente und therapeutischen Maßnahmen auf den Placebo-Effekt zurückzuführen sind. Ganz konkret: auf die positiven Erwartungen des Patienten an Arzt, Therapeut oder Medikament. Ob ein Patient auf ein Placebo oder eine medizinische Anwendung anspricht, hängt sehr stark von seiner Erwartungshaltung ab.

Doch wie kann ein Placebo als nachweislich unwirksames Medikament in den Kreislauf von Schmerzempfindung und -linderung eingreifen? Die Antwort darauf liegt in der menschlichen Psyche. Denn Schmerz ist kein rein physiologischer Vorgang. Auch individuelle Hoffnungen und das Vertrauen in die Behandlung und den Behandelnden spielen dabei eine große Rolle. Seit moderne Bildgebungsverfahren einen Blick ins arbeitende Gehirn erlauben, lassen sich physiologische Auswirkungen von Glaube und Erwartung genauer ermitteln. Wissenschaftler der Universität Hamburg fanden heraus: Der Placebo-Effekt ist eine rein mentale Leistung, die hochkomplex in unseren Gehirnen abläuft, sozusagen eine Meisterleistung.

Die sich selbst erfüllende Prophezeiung

Der Kommunikationswissenschaftler Paul Watzlawik erklärt dieses Phänomen so: „Eine sich selbst erfüllende Prophezeiung ist eine Annahme oder Voraussage, die rein aus der Tatsache heraus, dass sie gemacht wurde, das angenommene, erwartete oder vorhergesagte Ereignis zur Wirklichkeit werden lässt und so ihre eigene Richtigkeit bestätigt."

Beispiel

Indem ein Lehrer glaubt und sagt: „Jungs sind begabter in Mathe", trägt er bereits zu einer sich selbst erfüllenden Prophezeiung bei. Er schreibt Jungen mehr mathematische Kompetenz zu als Mädchen. Er ist davon überzeugt und er kommuniziert dies. Die Zuschreibung dieser Eigenschaft wirkt sich unbewusst durch bestimmtes Verhalten auf die beschriebenen Personen aus. Der Lehrer ruft z. B. Mädchen seltener auf als Jungen. Auch werden korrekte Antworten von Jungen deutlich anerkennender hervorgehoben. Fehler von Mädchen werden eher betont und als „Beweis" für diese These dargestellt.

Das Resultat ist dann tatsächlich, dass Jungen wesentlich engagierter und erkennbar erfolgreicher in Mathematik sind bzw. werden. So bestätigt sich die ursprüngliche Zuschreibung und verfestigt sich immer mehr.

Die Beispiele zeigen: Nicht nur unser Körper ist durch eine bestimmte Erwartungshaltung beeinflussbar. Auch unsere Gedanken, unser Verhalten und unser Erfolg hängen maßgeblich davon ab, was wir erwarten und mit welcher Einstellung wir an etwas herangehen.

Der Glaube an die Lösung ist Teil der Lösung

Die sich selbst erfüllende Prophezeiung funktioniert in vielen Situationen. Menschen schafften es, Grenzsituationen zu überleben, die nach bestehenden Erkenntnissen hätten tödlich enden müssen. Ob es sich nun um Hunger, Kälte, Krankheiten, körperliche oder psychische Belastungen handelte – diese Menschen haben größte Entbehrungen oder Strapazen überstanden. Sicher waren dies keine Menschen, die sich bescheinigt haben: „Das schaffe ich nie." Eines hatten vielmehr alle gemeinsam: Sie glaubten daran, aus dieser bedrohlichen Situation herauszukommen. Sie glaubten, dass sie es schaffen, weil sie schon vieles andere erfolgreich gelöst hatten. Diese Überzeugung ließ sie zuversichtlich und kreativ bleiben und vor allem: durchhalten und weitermachen.

Mangelnde Gelassenheit – der Teufelskreis der negativen Erwartungen

Auf das Thema Gelassenheit übertragen, bedeutet das: Je weniger gelassen wir sind, desto mehr negative Annahmen treffen wir. Wir könnten genauso gut ein positives Ergebnis annehmen, denn wir wissen nicht, was kommt. Leider entschließen wir uns mit Vorliebe für die Negativ-Variante: Negative Gedanken ziehen wie ein Sog negative Gefühle und

Emotionen nach sich. Wer also genau weiß, dass die nächste Besprechung garantiert wieder ein Fiasko wird, der Kollege sowieso schlecht drauf ist und man mit diesem Kunden grundsätzlich nicht reden kann, sorgt mit Feuereifer dafür, dass dies eine „self-destroying prophecy" wird.

Hier entsteht ein fataler Teufelskreis: Mit sehr hoher Wahrscheinlichkeit tritt das Angenommene tatsächlich ein. Denn die befürchtete Malaise lässt uns dieser Situation schon nicht mehr gelassen entgegentreten. Vielmehr tragen wir in ganz erheblichem Maße durch Vorannahmen und entsprechend kontra-produktives Verhalten dazu bei, dass sich genau diese Prophezeiung bewahrheitet. Damit erschüttern wir unsere Gelassenheit umso mehr.

> Je angespannter wir werden, desto negativer betrachten wir die Welt – meist, ohne es zu bemerken. Dann erwarten wir erst gar nichts Positives. Diese Gedanken ziehen wiederum Anspannung, Stress, Ärger nach sich. Wir regen uns auf oder sind beunruhigt und nervös – und der Kreislauf beginnt von vorne.

Überprüfen Sie Ihre negativen Erwartungen

Wenn es gelingt, anstelle von negativen Annahmen mit neutraler Sicht an eine Tätigkeit oder ein Problem heranzugehen, ist schon viel gewonnen. Wir wissen nicht, wie es werden wird. Versuchen wir deshalb, nicht sofort eine negative Bewertung hineinzubringen. Am besten formulieren wir möglichst ohne Wertung. Unsere Erwartungen tragen viel zum tatsächlichen Gelingen, zum Gelassenbleiben, zur Ausdauer und zu unserer Laune bei. Setzen Sie hier an:

Negative Erwartung	Alternative Formulierung
Morgen wird sicher ein total stressiger Tag.	Morgen stehen viele Termine im Kalender.
Die Verhandlungen mit dem Kunden A werden bestimmt wieder furchtbar.	Am Freitag verhandeln wir mit Kunde A.
Kollege M. spricht mich in der Besprechung morgen bestimmt wieder blöd an.	Morgen treffe ich Kollegen M., wir haben eine Besprechung.
Wenn ich meinem Sohn das sage, kommt es zum Streit.	Ich werde meinem Sohn das sagen.
Ich blamiere mich sicher.	Ich werde mein Bestes geben.

Wenn Sie nicht 100-prozentig sicher sagen können (und das können wir in den seltensten Fällen), dass garantiert etwas Negatives eintreffen wird, dann kommunizieren Sie nur die bekannten Fakten. Lassen Sie die möglicherweise unnötige Schwarzfärbung einfach weg. Statt im Vorfeld bereits zu hyperventilieren, haben wir auch die Möglichkeit, erst einmal ruhig abzuwarten. Das ist eine positive und wesentlich gelassenere Botschaft an unser Gehirn, die sich direkt auf das Wohlbefinden auswirkt. Lassen Sie die Dinge auf sich zukommen. Denn wir können nicht konkret wissen, wie das kommende Ereignis verlaufen wird.

An Glaubenssätzen arbeiten

Blicken wir auf weitere Muster, die uns beeinflussen, einschränken und damit häufig unsere Gelassenheit gefährden: unsere Glaubenssätze.

Glaubenssätze glauben wir

Glaubenssätze kann man sich als eine Art programmierte Filter in unserem Denken vorstellen. Es sind grundsätzliche Annahmen über uns, die anderen und die Welt, die meistens relativ tief in unserer Persönlichkeit verankert sind. Wir haben sie entweder aufgrund von Erfahrungen selbst im Laufe unseres Lebens gebildet oder von anderen unkritisch übernommen. Häufig wurden sie uns von unseren Eltern vorgelebt und beigebracht. Glaubenssätze wirken im Unterbewusstsein. Meist wissen wir gar nicht, dass wir sie haben. Sie prägen unbewusst unser Verhalten, unsere Einstellungen und Lebensmotive sehr stark. Durch Glaubenssätze vereinfachen wir unser Leben. Doch können sie uns erheblich einschränken. Daher sollten sie von Zeit zu Zeit auf ihre Richtigkeit überprüft werden.

Beispiele

Typische Glaubenssätze sind etwa:

„Nur wenn ich hart arbeite, erhalte ich Anerkennung und werde geliebt."

„Das Leben ist entbehrungsreich und beschwerlich."

„Wer nicht reich geboren wurde, hat es in dieser Welt schwer."

Wer den letzten Satz für richtig hält, der folgert vermutlich weitere Annahmen und Erklärungen daraus:

Nur durch ein reiches Elternhaus kann man es zu etwas bringen.

Wenn meine Eltern reicher gewesen wären, dann hätte auch ich mich besser entfalten können.

Ich hatte es von Anfang an schwerer als Kinder aus einer reichen Familie.

Ich habe es deshalb so schwer, weil meine Eltern kein dickes Konto besitzen.

Glaubenssätze nehmen uns die Gelassenheit

Glaubenssätze erleben wir als absolute Realität: „Ich weiß es, es ist ganz sicher so." Sie können uns derart beeinflussen, dass wir andere Informationen nicht adäquat einbeziehen. Die gefolgerten Annahmen wirken sich nicht nur auf unsere Person aus, sondern auch auf unsere Haltung gegenüber anderen Menschen, Situationen und der Welt.

Im oben genannten Beispiel wird der Glaubenssatz deshalb zum Problem, weil man sich permanent mit nicht zielführenden Vergleichen aufhält und weil sich alles um Erklärungen, warum etwas nicht geht, dreht. Stattdessen könnten wir uns auch auf die Suche nach Möglichkeiten machen. Denn schließlich hat der umgekehrte Glaubenssatz, „Vom Tellerwäscher zum Millionär – das geht", den gleichen Wahrheitsgehalt.

Versuche, sich zu verändern, scheitern sehr oft an unbewussten Glaubenssätzen. Es funktioniert nicht, wenn man sich zwar vornimmt, mehr Ruhe ins Leben bringen zu wollen, aber gleichzeitig davon überzeugt ist: „Ohne Mühe bringt man es in keiner Sache weit." Hier stehen sich Ruhe und Mühe unversöhnlich gegenüber.

Zu den wichtigsten Glaubenssätzen zählen folgende Muster:

- Generalisierungen,
- Verzerrungen und
- Tilgungen.

Wenn verinnerlichte Glaubenssätze hinterfragt werden, erscheinen sie oft absurd oder unsinnig. Durch Reflexion wird es jedoch möglich, falsche Ableitungen zu verändern. Betrachten wir die Muster näher. Vielleicht erkennen Sie bereits beim Lesen einen Bezug zu Ihrer eigenen Gelassenheit.

Generalisierungen: Es ist immer so

Verallgemeinerungen und Klassifizierungen von Tätigkeiten, Gegenständen, Bedürfnissen, Zuständen usw. dienen dazu, unser Leben zu vereinfachen, indem wir Ordnungen und Überbegriffe bilden. Insofern ergeben sie Sinn. Ein Oberbegriff kann logischerweise nicht gleichermaßen Gegenstände, Menschen, Situationen, Tätigkeiten präzise beschreiben. Das liegt in der Natur der Sache. Indem wir generalisieren, verbinden wir eine, in individuellem Kontext gemachte, Erfahrung mit ganz anderen Personen, Zusammenhängen oder Lebensbereichen. Unglücklicherweise entstehen dadurch oft unkorrekte Einschätzungen und Ableitungen.

Beispiel

 Eine Generalisierung: „Immer werde ich von allen nur kritisiert. Ich kann nie etwas richtig machen."

Diese Aussage stimmt höchstwahrscheinlich nicht. Hinterfragen wir sie:

- Werden Sie wirklich ständig und ausschließlich kritisiert?
- Wer sind „alle"? Ist das die Weltbevölkerung oder ein kleiner Teil von denen, die Sie kennen? Wie viele sind es, die Sie kritisieren?
- Werden wirklich alle Tätigkeiten kritisiert? Gibt es Tätigkeiten, die nicht kritisiert werden? Gab es schon einmal Ausnahmen?
- Gab es vielleicht schon irgendetwas in Ihrem Leben, das Sie richtig gemacht haben?

Wenn wir Generalisierungen auf diese Weise unter die Lupe nehmen, relativieren sie sich. Sehr schnell kann nach gezielter Analyse daraus ein Satz mit ganz anderer Bedeutung werden.

Beispiel

> „Genau genommen war es so: Ich wurde von meiner Vorgesetzten auf einen Fehler hingewiesen. Und gestern hat mir eine Kollegin noch einen Verbesserungsvorschlag gemacht."

Und schon haben wir eine Feststellung, die nicht umfassend destruktiv ist und uns viel gelassener bleiben lässt.

Checkliste: Generalisierungen hinterfragen

Generalisierung	Fragen zum Präzisieren
Es ist immer so.	Was genau ist so? Tatsächlich immer? Gibt es Ausnahmen – war es schon einmal anders? Ist es unabänderlich?
Ich bin mir sicher.	Woher nehmen Sie die 100-prozentige Sicherheit, dass es nicht auch anders sein könnte? Wie sicher ist die Quelle?
Die anderen sind alle so.	Wirklich alle anderen? Um wie viele andere handelt es sich? Gibt es Ausnahmen? Wer genau sind die anderen? Wie genau sind sie? Sind sie auch einmal anders als so? Wie sind sie dann?
Frauen sind zickig.	Alle Frauen? Welche Frau(en)? Sind sie immer zickig? Warum sind sie zickig? Zu wem? Sind Sie schon einmal einer Frau begegnet, die nicht zickig war?
Nie kann ich mich durchsetzen.	Nie? Wäre vielleicht „öfters", „manchmal", „ab und zu" eine genauere Bezeichnung? Haben Sie es in diesem konkreten Fall schon mehrfach versucht? In welchen Fällen konnten Sie sich durchsetzen? Bei wem konnten Sie sich (nicht) durchsetzen? Was genau wollten Sie in diesem Fall durchsetzen?

Suchen Sie hinter dem Glaubensatz die konkreten Gegebenheiten. Dann können Sie genauer differenzieren und formulieren. Werden Sie achtsam bei Wörtern wie: jeder, keiner, alle, nie, immer, nirgends, solche, grundsätzlich, Frauen, Männer, im Allgemeinen usw. Auch Aussagen wie: „Es ist so." – „Ich weiß genau, dass ..." oder „Es ist falsch (schlecht, unrecht, gut, wahr, böse, krankhaft)" usw. sollten Sie in dieser Weise überdenken.

Verzerrungen: Aus A folgt zwingend B

Unser Gehirn hat gelernt, dass bestimmte Abläufe in einem direkten Zusammenhang stehen. Wir wissen z. B. alle: Wenn wir auf die heiße Herdplatte fassen, dann verbrennen wir uns die Finger. Dieser kausale Zusammenhang stimmt. Bei Verzerrungen handelt es sich um Ursache-Wirkungs-Zusammenhänge, die nicht logisch miteinander verknüpft sind. Dabei glauben wir, dass bestimmte Handlungen anderer mit Gefühlen in uns kausal zusammenhängen. Beispielsweise bei der Formulierung „Ich überlebe es nicht, wenn du mich verlässt" erlebt sich die Person so, als hinge ihr Überleben vom Bleiben des anderen ab. Das Verhalten des einen und das Befinden des anderen werden in einen kausalen Zusammenhang gebracht. Dieser ist jedoch nicht korrekt.

Das Schwierige daran ist, dass wir bei verzerrten Formulierungen keinen Ansatz finden, wie wir das Problem abstellen könnten. Präzises Hinterfragen gestattet es, uns auf unser eigenes Tun zu konzentrieren. Es ermöglicht, eigenverantwortliches Handeln in der jeweiligen Situation zu erkennen. Wer alternative Handlungsoptionen sieht, wird wesentlich gelassener bleiben, denn er kann aktiv etwas gegen einen Missstand tun.

Checkliste: Verzerrungen hinterfragen

Verzerrung	Fragen zum Präzisieren
Diese Firma macht mich krank.	Wie genau erreicht die Firma, dass Sie krank werden? Wer genau ist „die Firma"? Zwingt Sie die Firma dazu, krank zu werden? Was könnten Sie statt Krankwerden noch tun?
Mein Chef macht mich nervös.	Was tun/denken Sie, wenn Sie nervös werden? Müssen Sie nervös werden oder könnten Sie auch etwas anderes tun? Sind Sie auch bei anderen Menschen nervös? Unter welchen Umständen werden Sie nicht nervös?
Ich möchte nicht wütend werden, aber der Kollege reizt mich.	Wem geben Sie so viel Macht über sich, dass Sie gegen Ihren Willen wütend werden? Zwingt Sie der Kollege dazu, wütend zu werden? Was müssten Sie denken, damit Sie nicht wütend werden müssen? Reizen Sie auch andere? Wer oder was reizt Sie nicht? Was könnten Sie anstelle des Wütend-Werdens tun?
Ich bin enttäuscht, weil mir mein Mann nicht hilft.	Müssen Sie zwangsläufig enttäuscht sein? Fühlen Sie sich immer enttäuscht, wenn Ihnen jemand nicht hilft? Was würde passieren, wenn er Ihnen helfen würde? Was täte er dann stattdessen nicht, und wäre das dann besser?

Tilgungen: Wichtige Informationen ausblenden

Unser Gehirn lässt oft, wenn wir uns auf etwas konzentrieren, bestimmte Informationen weg. Das ist sinnvoll und ökonomisch. Manchmal entfallen aber auch wichtige Informationen. Daraus entstehen beispielsweise Aussagen wie: „Es geht nicht mehr." Dieser Knock-out-Satz ist sehr schwer in den Griff zu bekommen, weil das Problem dahinter nicht erkennbar wird.

Wenn wir uns mit diesen ausgeblendeten Sachverhalten bewusst beschäftigen, entstehen viel genauere Formulierungen. Diese lassen eine bestimmte Angelegenheit nicht mehr so fundamental erscheinen. Vor allem entsteht daraus ein klar umrissenes Problem. Dieses wiederum kann man mit mehr Gelassenheit angehen als eine abstrakte Aussage. Sobald man ein Problem benennt, kann man konkrete Lösungsansätze suchen.

Checkliste: Tilgungen hinterfragen

Tilgung	Fragen zum Präzisieren
Ich bin wütend.	Über was genau? Wütend auf wen? Was müsste geschehen, damit Sie nicht wütend sind?
Mein Chef sagte, so geht das nicht.	Zu wem sagte der Chef das? Was genau geht nicht? In welcher Form geht es nicht? Wie kann es dann gehen?

Sie mag mich nicht.	Woran erkennen Sie, dass sie Sie nicht mag? Was macht Sie so sicher, dass sie Sie nicht mag? Was wäre anders, wenn sie Sie mögen würde? Was müssten Sie tun, damit sie Sie mag?
Das war das Schlimmste, das passieren konnte.	Was genau ist passiert? Was war schlimm daran? Es war schlimmer als was? Was wäre noch schlimmer? Was hätte noch passieren können?
Es ist klar, dass man Vorgesetzten nicht widersprechen kann.	Was genau ist klar und für wen? Wobei kann man nicht widersprechen? Wem genau können Sie nicht widersprechen? Was würde geschehen, wenn Sie widersprechen würden?

Glaubenssätze hinterfragen – und den Kreislauf durchbrechen

Glaubenssätze halten uns in einem Kreislauf gefangen. Überlegen Sie: Wo könnten Sie eingreifen, um etwas zu verändern? Vielleicht fallen Ihnen Situationen ein, in denen Sie unreflektiert Glaubenssätze stehen lassen. Hinterfragen Sie diese(n) nach dem in der folgenden Abbildung dargestellten Schema. Es geht darum, Glaubenssätze, die Sie hemmen, kritisch auf Stimmigkeit zu prüfen. Zudem erkennen Sie möglicherweise Hürden, die Sie sich selbst in den Weg legen.

Wenn wir festgefahrene Annahmen relativieren, werden wir fähig, schwierige Situationen wesentlich gelassener anzugehen. Denn wir erkennen dadurch schnell, dass wir uns auch anders als gewohnt verhalten bzw. an ein Problem herange- hen können. Wenn wir Situationen als weniger belastend wahrnehmen, werden wir weniger heftig darauf reagieren. So können wir aktiv etwas verändern und bestimmte Probleme lösen sich oder entstehen erst gar nicht.

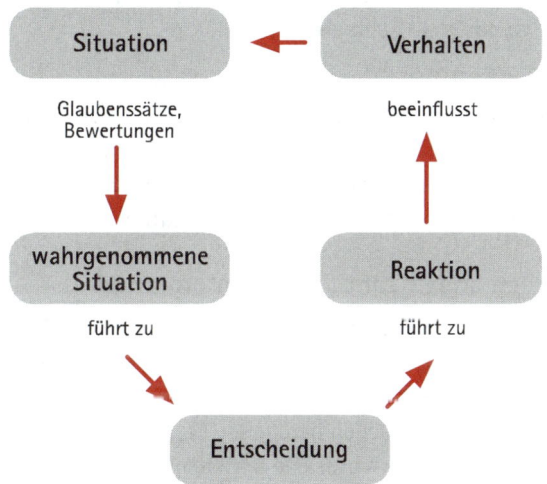

Wirkung von Glaubenssätzen

Vorurteile reduzieren

Vorurteile gibt es en masse. Ein paar wunderbare Klassiker sind uns allen wohlbekannt:

- Frauen stehen mit Technik auf Kriegsfuß.
- Männer können nicht zuhören.

- Deutsche lieben Gründlichkeit.

- Blondinen sind keine Einsteins.

Auf einige Personen werden die genannten Annahmen sicherlich zutreffen. Aber eben nicht auf alle. Wir alle kennen Menschen, die Vorurteile haben. Bei uns selbst ist das anders. Wir sind offen, wurden liberal erzogen, sind vorurteilsfrei. Oder ist das etwa auch ein Vorurteil?

Der irische Literat George Bernard Shaw sagte zu diesem Thema: „Der einzige Mensch, der sich vernünftig benimmt, ist mein Schneider. Er nimmt jedes Mal neu Maß, wenn er mich trifft, während alle anderen immer die alten Maßstäbe anlegen in der Meinung, sie passten auch heute noch."

Urteilen ohne Kenntnis des Hintergrunds

Ein Vorurteil ist ein vorab wertendes Urteil ohne Würdigung aller relevanten Eigenschaften, eines Sachverhalts oder einer Person. In anderen Definitionen werden Vorurteile als falsche oder nicht auf Tatsachen beruhende Meinungen oder Einstellungen beschrieben. Vorurteile beziehen sich in der Regel auf andere Menschen und schreiben diesen meist negative Eigenschaften zu. Vorurteile lassen sich, selbst nach Erfahrungen die ihnen widersprechen, oft nur sehr schwer korrigieren.

Beispiel

 „Sie sind sehr nett." Ist das ein freundlicher Satz? Wenn wir ihn vorurteilsfrei hören: ja. Wenn er Ihnen ohne schräge Zwischentöne gesagt wird, ist es ein freundliches Kompliment. Wir können es so stehen lassen und uns darüber freuen.

Wenn nun Vorurteile über den Sprecher ins Spiel kommen, dann schaffen wir es, diesem Satz in Sekundenschnelle eine ganz andere Bedeutung zu geben. Obwohl unsere Ohren die identische Botschaft ans Gehirn senden: Es gelingt dann, eine Bosheit oder Kränkung wahrzunehmen. Nämlich dann, wenn wir das (Vor-)Urteil haben, dass es der Sprecher nicht gut mit uns meint, dass er diese Aussage nur trifft, um sich egoistisch Vorteile zu erschleichen, um uns eventuell auszunutzen. Vielleicht unterstellen wir ihm auch eine verschleierte Unverschämtheit: „Er meint damit garantiert genau das Gegenteil!"

Ein Mensch, den wir unkritisch in eine Schublade gesteckt haben, kommt da so schnell nicht wieder heraus. Ebenso wie wir, wenn wir vorschnell als typisch blond, unsportlich, spießig oder dumm bewertet wurden.

Vorurteile geben Orientierung

Ist ein Leben ohne Vorurteile möglich? Kann ein Mensch überhaupt die ungefilterte Realität als solche wahrnehmen? Kann er wahrnehmen, ohne zu interpretieren, objektiv und vorurteilsfrei? Gelassen können wir feststellen: Es gibt keinen Menschen, der überhaupt keine Vorurteile hat. Wir haben bereits als Kinder die Tendenz, das, was wir erleben und was uns begegnet, zu kategorisieren: in Gut und Böse, in Richtig und Falsch. Damit geben wir unserem Weltbild die Struktur, die wir zur Orientierung im Leben brauchen. Vorurteile und Schubladendenken gehören also offenbar zum Leben und helfen, sich schneller zurechtzufinden. Das sollte uns jedoch nicht davon abhalten, ab und zu nachzudenken, ob diese Einteilung eigentlich stimmt. Damit machen wir es nicht nur unseren Mitmenschen leichter, sondern es hat auch einen positiven Effekt auf unsere Gelassenheit, wenn wir nicht kategorisch behaupten: Der andere ist unfähig, falsch oder bösartig.

Weniger Vorurteile – mehr Gelassenheit

Wenn es uns gelingt, achtsamer und dadurch vorurteilsfreier zu agieren, werden wir gelassener. Denn:

- Wir bleiben so lange ruhig, bis wir Gewissheit über eine Situation haben, urteilen und reagieren erst dann auf die tatsächlichen Fakten.

- Wir gehen nicht gleich vom Negativen aus, sondern räumen auch den positiven 50 Prozent eine Chance ein.

- Wir warten erst einmal ab, wie sich bestimmte Angelegenheiten entwickeln. Manches löst sich sogar ohne unsere Vorab-Aufregung.

Lassen wir Unbekanntes gelassen auf uns zukommen, ohne uns gedanklich vorab schon in Stress zu versetzen. Es könnte sich nämlich herausstellen, dass die ganze Aufregung unnötig war.

> Es ist wichtig, Informationen immer wieder zu hinterfragen oder weitere einzuholen. Ebenso notwendig ist es, sich bewusst zu machen: Menschen mit anderen Werten, konträrem Lebensmotto und anderer Grundeinstellung sind nicht allein aus diesem Grund Feinde, die es zu bekämpfen gilt.

Checkliste: Vorurteile hinterfragen

- Was deute und interpretiere ich in andere hinein?
- Wo und wie stelle ich Ansprüche und Forderungen an andere, die sie eventuell gar nicht erfüllen können?
- Wo ist mein blinder Fleck, wo projiziere ich gegebenenfalls meine Unzulänglichkeiten auf andere?
- Wie kann ich Menschen mit anderen Lebensvorstellungen konstruktiv und wertschätzend gegenübertreten?
- Wo kann ich Aggression und Wut zurücknehmen?
- An welcher Stelle kann ich verzeihen?
- Wie kann ich bestimmte Themen ansprechen, ohne andere mental in Schubladen zu stecken?
- Wie kann ich mich in andere hineinversetzen und ihre Perspektive (besser) verstehen?
- Wie kann ich Achtung und Respekt, den ich mir selbst wünsche, anderen Menschen gegenüber vorleben?

Wege aus der Perfektionismusfalle

Perfektion in gewissem Maße bringt Ordnung ins Leben. Wollen wir jedoch ständig perfekt sein, geht die Fähigkeit verloren, Gelassenheit zu empfinden. Wir machen uns selbst Stress und haben stets das Gefühl, jemandem etwas zu schulden und nicht zu genügen. Wir sind mit unseren Leistungen unzufrieden und kompensieren dieses Gefühl mit noch mehr Perfektion. Perfektionisten zahlen einen hohen Preis: Denn der Dauerdruck kann sich zum Perfektionszwang steigern. Diese Fehlbewertung der eigenen Leistung kann auf Dauer psychische und physische Probleme mit sich bringen. Perfektionisten leisten viel, ohne ein Erfolgserlebnis zu ernten. Sie erkennen den eigenen Erfolg selten an, noch nehmen sie Anerkennung, die sie von außen bekommen, wahr.

Beispiel

Frau T. beschreibt ihren Hang zur Perfektion so: „Ich glaube immer, es liegt ausschließlich an mir, ob ich alles schaffe. Andere Schwierigkeiten ziehe ich meist gar nicht in Betracht. Wenn dann alles geklappt hat, dann denke ich, das war eine Selbstverständlichkeit, das hätten alle anderen auch geschafft. Oder, es war Glück und Zufall, dass alles gut ging.

Funktioniert mal etwas nicht, habe ich starke Selbstzweifel und sehe nur mein eigenes Versagen. Dann sage ich mir, ich hätte mich mehr anstrengen und reinhängen müssen. Ich weiß, dass ich mit meiner Leistung nie völlig zufrieden bin und mich auch nicht loben kann."

So schaden sich Perfektionisten

Perfektionisten versuchen, zunehmende Überforderung und innere Unsicherheit durch Perfektionismus zu überdecken. Sie haben Schwierigkeiten einzugestehen, dass ihnen etwas zu viel wird, oder eine Anforderung schlicht unerfüllbar ist. Auch Unterstützungsangebote lehnen sie meist ab, weil sie alles alleine schaffen und sich nicht helfen lassen müssen. Hier beginnt der Teufelskreis: Die Betroffenen verlieren durch Überlastung die Kontrolle und geraten aus der Balance. Das versuchen sie durch noch mehr Perfektion auszugleichen.

Beruflich kann sich das in Arbeitssucht auswirken oder auch Ursache für Burn-out-Syndrome sein. Die Gefahr des Ausgebrannt-Seins ist immer dann stark, wenn Menschen Erfolge ihrer Arbeit, die sie unter extrem hohem Einsatz erledigt haben, nicht sehen oder wenn es keine Anerkennung von außen dafür gibt. Gründe dafür können in der betreffenden Person selbst liegen, aber auch in den Arbeitsbedingungen und dem privaten Umfeld. Perfektionisten sind besonders gefährdet, sich dauerhaft zu überlasten. Durch übermäßiges Engagement und zu hohe Ansprüche werden die vorhandenen Leistungen und Erfolge weder wahrgenommen noch anerkannt. Deshalb erleben sie kein positives Feedback oder keine Erfolgserlebnisse, die sie stärken könnten.

Fehler zulassen

Fehler sind ein leidiges Thema für Perfektionisten. Weder werden sie anderen noch der eigenen Person zugestanden. Wenn ihnen ein Fehler unterläuft, ist dies für viele Perfektionisten ein absolutes Desaster. Schließlich haben sie alles akribisch vorbereitet, und nun das. Schlimmstenfalls wird der Fehler als Beweis gedeutet, dass sie nicht perfekt genug waren. Mit dieser Einstellung ist Gelassenheit kaum möglich. Versuchen Sie deshalb, die Leine etwas lockerer zu lassen. Das Leben ist nicht stets berechen- und kalkulierbar. Deshalb wird es immer wieder dazu kommen, dass Fehler passieren oder etwas nicht klappt. Bestimmte Fehler haben tatsächlich schwerwiegende Folgen, andere jedoch nicht. Wenn Sie es schaffen, sich nur über die ersteren aufzuregen, gehen Sie der Gelassenheit einen weiteren Schritt entgegen. Denn es gibt, wie immer im Leben, Unterschiede zwischen einzelnen Tätigkeiten. Unterscheiden Sie nach Relevanz. Perfektion ist, an der richtigen Stelle hervorragend, sie ist jedoch nicht überall und immer nötig.

Beispiel

 Ein Chirurg, der am offenen Herzen operiert, sollte daran so perfekt wie möglich arbeiten. Hierbei ist Perfektion wünschenswert. Dieser Chirurg muss allerdings nicht mit der gleichen Perfektion an andere Arbeiten herangehen wie z. B. Schuheputzen, Autowaschen oder Rasenmähen, sonst wird er seines Lebens nicht mehr froh.

Checkliste: Eigene und fremde Ansprüche hinterfragen

- Wobei ist Perfektion absolut unabdingbar?

- Was können Sie weglassen oder reduzieren, ohne dass die Welt untergeht?

- Bei welchen Tätigkeiten genügen auch 80 statt der angestrebten 120 Prozent?

- Welche Arbeiten können Sie delegieren, auch wenn sie dann möglicherweise weniger perfekt erledigt werden?

- Wann haben Sie sich das letzte Mal für Ihre Leistungen gelobt?

Hand aufs Herz: Welche Familie freut sich über ein opulentes, perfektes Vier-Gänge-Menü, das von einer hektischen Hausfrau mit Stress und Gezeter zubereitet wurde? Vielleicht wäre ein einfaches Spiegelei mit Speck und guter Laune viel lustiger und bekömmlicher für alle Beteiligten?

Gestehen Sie sich Fehler zu. Wir alle dürfen einmal schwach sein. Auch Sie. Nehmen Sie Unterstützung an! Reduzieren Sie Ihre Tätigkeiten auf wirklich Wichtiges. Loben Sie sich selbst, wenn Sie etwas gut gemeistert haben.

Sich selbst wichtig nehmen

Nur wer sich selbst wichtig nimmt, sorgt und kümmert sich entsprechend um sich und seine eigenen Bedürfnisse. Das macht ruhig und ausgeglichen. Wer sich ständig vernachlässigt, der spürt irgendwann ein deutliches Defizit, das höchst unzufrieden macht: Wir rudern und schuften, die Jahre verrinnen – nur leider bleibt dabei kein Raum mehr für uns selbst. Wir erkennen, dass sich unser Leben um Arbeit, Aufgaben, Freunde, Bekannte und irgendwelche Notwendigkeiten dreht. Trotz permanentem Stress bleibt keine Zeit für ureigenste Bedürfnisse und Wünsche. Das macht weder gute Laune noch kommt hierbei Gelassenheit auf.

So bitter diese Erkenntnis auch sein mag: Sie verhilft Ihnen dazu, wieder gelassener zu werden. Denn der Ärger darüber, dass Sie viel zu kurz kommen, erinnert Sie daran, etwas zu verändern. Sortieren Sie Ihre Aufgaben. Konzentrieren Sie sich auf sich und auf das, was Ihnen wichtig ist. Wenn Sie auch Ihren Bedürfnissen nachkommen können, werden Sie zufriedener und ausgeglichener. Das Leben macht mehr Spaß und das ist eine der Grundlagen für Gelassenheit. Vielleicht können wir es ja ab und zu wie Goethe halten: „Man soll alle Tage wenigstens ein kleines Lied hören, ein gutes Gedicht lesen, ein treffliches Gemälde sehen und, wenn es möglich zu machen wäre, einige vernünftige Worte sprechen."

Ihre Selbstverantwortung

Beispiel

Wir wissen alle, dass wir unser Auto ab und zu pflegen und warten müssen, damit es keinen Schaden erleidet. Manchmal nehmen wir dies ein wenig auf die leichte Schulter. Doch solange alles sicher funktioniert, ist das okay. Spätestens wenn das rote Lämpchen der Ölanzeige leuchtet, werden wir aufmerksam. Wir leiten sofort entsprechende Maßnahmen ein und kümmern uns auf der Stelle darum, dass Motoröl nachgefüllt wird. Dies duldet keinen Aufschub, denn wir sind uns im Klaren darüber, was andernfalls passiert. Schließlich wollen wir keinen Motorschaden riskieren.

Beim Auto erscheint uns die sofortige Aktion glasklar. Kein Mensch würde erst einmal den Motor beschwören: „Halte bitte noch die nächsten 950 km durch. Dann habe ich genügend Zeit, um Öl nachzufüllen." Wir wissen, dass das den festgefressenen Kolben ziemlich egal wäre.

Alltagspflichten nehmen wir ernst

Bei vielen Angelegenheiten des Alltags entscheiden wir uns ganz pragmatisch für das Notwendige und Wichtige. Wir kümmern uns um fällige Rechnungen, stellen die Mülltonne pünktlich vors Haus, kaufen ein, waschen Wäsche. Wir managen das alles deshalb regelmäßig, weil wir uns ausrechnen können, wie die Konsequenzen aussähen: abgestellter Strom, Mahnungen, Müllberge, leerer Kühl- und Kleiderschrank. Das braucht und will keiner. Wir entscheiden also aus gutem Grund, diese Aufgaben wichtig zu nehmen und in angemessener Zeit zu erledigen. Selbst wenn uns das keinen Spaß bereitet und aus reiner Vermeidungsstrategie geschieht.

Persönliche Bedürfnisse vernachlässigen wir oft

Ganz ehrlich: Entscheiden wir uns mit der gleichen Aufmerksamkeit für unsere persönlichen Belange? Bestimmte körperliche Symptome sind ebenfalls Mahnungen. Nehmen wir sie ernst und wichtig? Reagieren wir darauf ebenso verantwortungsvoll? Wie sieht die Konsequenz aus, wenn bei Ihnen das rote Lämpchen leuchtet? Wer, glauben Sie, ist für Ihr Wohlergehen zuständig? Ganz richtig: Sie. Für Ihre Person sind nur Sie verantwortlich. Es sei denn, Sie haben einen gesetzlichen Vormund. Es kann Sie niemand vor Überarbeitung oder gar Burn-out schützen, außer Sie sich selbst. Es kann Ihnen niemand zeitliche Freiräume gestalten, außer Sie sich selbst.

Es kann Ihnen niemand Ruhe und Gelassenheit verschaffen. Es kann Sie kein anderer entspannt oder glücklich machen. Dafür sind ausschließlich Sie verantwortlich!

Test: Verhalten Sie sich selbstverantwortlich?

Bitte antworten Sie ganz spontan:	Ja	Nein
Ich fühle mich von Familie/Partnerschaft eingeengt.		
Meine Arbeit lässt mir kaum Freizeit.		
Mir kommt mein Alltag falsch vor.		
Ich habe keine Ruheinsel.		
Vieles in meinem Leben erscheint mir nicht sinnvoll.		
Spaziergänge, Sport und Aufenthalte in der Natur sind für mich Luxusgüter.		
Ich sage nicht Nein zu Tätigkeiten, die ich nicht tun will.		
Mir macht mein Leben keinen großen Spaß.		
Meine Talente und Begabungen liegen brach.		
Ich fühle mich ständig gereizt und angespannt.		
Mich macht mein Leben krank.		
Ich komme mir wie ein Hamster im Rad vor.		
Ich schlafe schlecht / zu wenig.		
Ich vernachlässige die mir wichtigen Menschen.		

Wenn Sie auf mindestens vier Fragen mit Ja geantwortet haben, ist es empfehlenswert, die Selbstverantwortung mehr ins Blickfeld zu rücken.

Ihre Energiebilanz

Sehen Sie sich bitte die unterschiedlichen Bereiche in Ihrem Leben an. Sie haben 100 Prozent Ressourcen (Zeit, Energie) zur Verfügung. Verteilen Sie diese nun auf die verschiedenen Spalten, nach dem derzeitigen Stand. Analysieren Sie dann, wo Sie sinnvollerweise Veränderungen für die Zukunft vornehmen, damit Ihr Leben gelassener verlaufen kann. Bitte beachten Sie, dass Sie nur 100 Prozent insgesamt zu verteilen haben!

Bereich	Ist-Aufwand in %	Soll-Aufwand in %
Familie/Beziehung		
Beruf		
Haushalt		
Ich selbst		
Verpflichtungen		
Freizeit		

Die meisten Menschen merken sehr schnell, wenn sie diese Bilanz ziehen, weshalb es Ihnen so schwerfällt, gelassen zu bleiben. Zeit und Kraft lassen sich nicht unbegrenzt verteilen. Oft bleibt für wichtige Dinge, die Ihnen wieder Energie zuführen, viel zu wenig Raum.

Für das Haushalten mit Ihrer Energie sind Sie verantwortlich. Übernehmen Sie diese Verantwortung: nicht morgen, nicht nächstes Jahr, am besten jetzt gleich. Überlegen Sie im Hinblick auf Ihre Energiebilanz:

- Was können Sie jetzt gleich tun, um mit mehr Energie und Ruhe gelassener zu werden?
- Wo können Sie umschichten, was können Sie an Ballast weglassen?
- Und was tun Sie stattdessen?

Eigene Bedürfnisse erkennen

Wenn wir zulassen, dass wir uns wie ein Hamster im Rad drehen, kommt es zu einer unguten Eigendynamik: Das Rad dreht sich schneller und schneller. Und plötzlich stellt der Hamster fest, dass er nicht mehr abspringen kann ... In dieser Situation erkennen wir nur mehr schwer, was für uns wirklich wichtig ist. Was wir ändern müssen oder was wir brauchen, um ein erfülltes Leben zu führen. Wir sind das Gegenteil von selbst-bewusst und alles andere als gelassen. Wenn wir uns diese Situationen transparent machen, kann das durchaus eine gewisse Empörung oder Wut hervorrufen. Machen Sie sich an dieser Stelle klar, dass Sie neben den vielen Verpflichtungen auch Rechte haben.

Sobald wir einen Augenblick innehalten und achtsam in uns hineinhören, wissen wir genau, was wir tun sollten, was gut für uns ist oder was uns schadet. Jeder Mensch weiß instinktiv, was er braucht. Oft ziehen wir unseren eigenen, grundlegenden Bedürfnissen immer wieder andere Dinge vor, meist, weil wir diese für bedeutender erachten oder für unaufschiebbar. Schalten Sie bewusst von „Autopilot" auf Ihren gesunden Menschenverstand um.

Warum ist alles wichtiger als Sie?

Erinnern Sie sich an Ihre Kindheit: Da wussten wir alle noch, was gerade wichtig ist. Wir sind damals viel achtsamer mit uns umgegangen. Wenn wir vom Toben außer Atem waren, blieben wir einfach stehen. Hatten wir Hunger, haben wir gegessen. Und wenn wir müde waren, haben wir folgerichtig geschlafen. Natürlich ist klar, dass Erwachsene nicht ständig alles liegen lassen können, um ihren Bedürfnissen nachzukommen. Aber ab und zu dürfen wir das tun. Und das müssen wir auch, wenn wir unser Leistungsniveau langfristig erhalten wollen.

Manch ein Alltagsverhalten erscheint uns ja bei genauer Draufsicht selbst ganz absurd. Oder können Sie einem Kind schlüssig erklären, warum Sie schon seit sieben Stunden nichts mehr gegessen haben, obwohl die Kantine gleich um die Ecke ist? Warum Sie dringend zur Toilette müssen und nicht „dazu kommen"? Warum alle anderen Tätigkeiten immer wichtiger sind, als mit ihm zu spielen? Warum Sie keine Zeit haben, obwohl jeder Tag 24 Stunden hat? Stellen wir uns kritisch die Frage, ob wir uns nicht ab und zu unnötig viele Dinge aufhalsen und diesen vielleicht mehr Platz in unserem Leben einräumen, als ihnen gebührt. Vielleicht deshalb, weil wir nicht mehr dazu kommen, darüber nachzudenken?

> Indem wir uns selbst-bewusst verhalten, denken wir über uns und unsere Bedürfnisse nach. Nehmen wir uns genauso wichtig wie andere Verpflichtungen. Gehen wir achtsam mit uns selbst um. Entscheiden wir uns für wirklich Wichtiges. Dazu gehört in jedem Fall unsere Person.

Auf die innere Stimme hören

Dazu ein Zitat von der deutsch-amerikanischen Gruppentherapeutin Ruth Cohn: „Höre auf deine innere Stimme – deine Bedürfnisse, Wünsche, Motivationen, Ideen; gebrauche alle deine Sinne. Gebrauche deinen Geist, dein Wissen, deine Urteilskraft, deine Verantwortlichkeit, deine Denkfähigkeit. Wäge Entscheidungen sorgfältig ab. Niemand kann dir deine Entscheidungen abnehmen. Du bist die wichtigste Person in deiner Welt."

Lösungsorientiert denken und sprechen

Unser Gehirn stellt sich anhand von Worten augenblicklich etwas Konkretes vor: eine zarte Glockenblume, ein saftiges Steak, knackige Kirschen, einen rosa gefärbten Pudel. Nur durch das Lesen dieser Worte entstehen sofort Bilder, Gerüche, Geschmack. Da unser Gehirn in sprachlichen Begriffen denkt, ist es von der Art dieser Sprache abhängig, welches Befinden sich dabei einstellt. Wissenschaftler haben diese Zusammenhänge längst bewiesen. Durch negative Beschreibungen entstehen ebensolche starken Bilder und Vorstellungen. Es ist unnötig zu sagen, was passiert, wenn wir an grässliche Kotzbrocken, elende Zicken oder widerwärtige

Kollegen denken. Und genau aus diesem Grund sollten wir diese negativen Gedanken eliminieren.

Abstellen kann man die Gedanken nicht. Jedoch haben wir Einfluss auf die Färbung unserer Gedankensprache. Es macht einen Unterschied, ob wir denken „Ich muss keine Angst haben" oder „Ich kann ruhig bleiben". Grundsätzlich ist das die gleiche Information – und doch eine komplett unterschiedliche emotionale Ausrichtung.

> Unsere Kommunikationsmuster wirken sich immer auf unser Empfinden von Sicherheit, Souveränität, Zuversicht und Gelassenheit aus. Diesen Zusammenhang können wir nur ganzheitlich betrachten: Sprechen, Denken und Fühlen liegen sehr eng beieinander.

Hürden-Seher oder Chancen-Nutzer?

Die Qualität unserer Gedanken hat Auswirkungen auf unsere Gelassenheit. Je nachdem, wie wir denken und mit uns selbst kommunizieren, so handeln wir: als Hürden-Seher oder als Chancen-Nutzer.

Überhöhungen

Großmeister der negativen Sprache verwenden gerne Überhöhungen. „Probleme" lassen sich sogar noch toppen, wenn wir ihnen übersteigerte Adjektive anhängen. So können wir sozusagen die XXL-Version daraus machen. Wir müssen nur von „Mega-Problemen", „irrsinnigen Kosten", „brutalen Fakten", „absoluter Katastrophe" sprechen. Das wirkt garantiert! So schafft man es, dass einem so richtig das Herz in die Hosentasche rutscht. Sprachliche Überhöhungen können auch dem letzten Quäntchen Gelassenheit den Garaus machen.

Katastrophen-Sprecher sind Katastrophen-Denker

Wer sich ständig mit Katastrophen beschäftigt, befindet sich mittendrin. Was glauben Sie, was mit unserer Gelassenheit geschieht, wenn wir uns verbal dauernd in Horror-Szenarien bewegen? Durch diese übersteigerte Sprache leuchten die Warnsignale in unserem Gehirn auf. Katastrophen löst man schließlich nicht so nebenbei: Angst und Stress werden körperlich spürbar. Stress hängt eng mit dem Gefühl fehlender Kontrolle zusammen. Wer sich also häufig mit „absoluten Desastern", „furchtbarem Zeitdruck" und „dem totalen GAU" herumplagt, arbeitet seiner Gelassenheit perfekt entgegen. Versuchen wir deshalb, die Kirche im Dorf zu lassen. Relativieren Sie möglichst. Sprechen Sie nicht in negativen Superlativen.

Beispiel

 „Das war heute wieder ein GAU, bis ich endlich zu Hause war!" Hier ist Vorsicht geboten. Die Definition für GAU lautet: „**G**rößter **A**nzunehmender **U**nfall". Gemeint ist damit ein schwerer Störfall in einem Kernkraftwerk. Dies ist daher keine wirklich passende Bezeichnung für den Bus, der zu spät kam.

Sprache reflektieren

Beobachten Sie sich bezüglich Ihrer Wortwahl und Sprechweise. Werden Sie sensibel dafür, wie Sie sich ausdrücken – und beobachten Sie andere dabei. Lassen Sie sich nicht von

Panikmache in Ihrer Umgebung anstecken. Ersetzen Sie überhöhte Begriffe sinnverwandt durch neutral-beschreibende. Ihr Gehirn stellt dann Katastrophenwarnung und Alarm ab und Sie werden allein dadurch ruhiger und gelassener. Und falls Sie sich doch in destruktiver Selbst-Kommunikation wiederfinden, versuchen Sie es mit der Sichtweise des römischen Kaisers Marc Aurel. Sagen Sie zu sich statt „Ich Unglücklicher, dass mir das zustoßen musste!" lieber „Ich Glücklicher, der ich unbekümmert zu bleiben vermag, obwohl mir das zustieß".

„Hin zu" statt „weg von"

Wenn wir uns auf ein Ziel hinbewegen, das uns attraktiv erscheint, anstatt uns von etwas wegzubewegen, das uns schadet oder nicht gefällt, werden wir gelassener. Zielführend ist es deshalb, wenn wir uns auf das konzentrieren, was wir haben wollen, statt auf das, was wir abstellen möchten.

Beispiel

 Wenn Sie „keinen Stress wollen" und sich das so sagen, setzen Sie sich geradewegs mit dem Stress auseinander, den Sie loswerden wollen. Die positive Formulierung lautet: „Ich will gelassen bleiben." Hier liegt der Fokus auf dem positiven Ziel.

Das ist eine völlig andere Botschaft, die unser Empfinden positiv beeinflusst: Statt weg von Ärger und Stress gelangen Sie so hin zu Ruhe und Gelassenheit. Das hört sich doch auch viel besser an, oder? Probieren Sie es aus: Formulieren Sie mit positiven Begriffen das, was Sie erreichen bzw. haben möchten:

Negative Formulierung	Positive Formulierung
Ich will keine Vorwürfe mehr hören.	Ich möchte mich mit dir konstruktiv austauschen.
Ich bin zu dick und muss abspecken.	Ich will schlanker werden.
Ich muss mit dem Rauchen aufhören.	Ich möchte gesünder leben.
Am Sonntagnachmittag muss ich meine Schwiegermutter ertragen.	Die Schwiegermutter geht nach einem halben Tag wieder.
Ich muss mich noch mit der Hausarbeit herumplagen.	Nach erledigter Hausarbeit habe ich frei.

Sich die eigenen Werte bewusst machen

Eine weitere Voraussetzung zur Entwicklung von Gelassenheit ist, dass wir uns unserer Werte bewusst sind – vor allem, dass wir uns zu diesen Werten konform verhalten (können).

Werte sind Vorstellungen, die in einer Gesellschaft allgemein als wünschenswert anerkannt sind. Sie verleihen den Menschen Orientierung. Diese Wertvorstellungen können, je nach Kultur, sehr unterschiedlich sein. Auch Familie und Erziehung tragen zur Prägung von Werten bei, die individuell voneinander abweichen. Es gibt zum Beispiel

- moralische Werte wie: Ehrlichkeit, Gerechtigkeit, Treue, Vertrauenswürdigkeit,
- religiöse Werte wie: Gottesfurcht, Nächstenliebe, Gottvertrauen, Glaubensfestigkeit,
- politische Werte wie: Toleranz, Freiheit, Gleichheit,
- ästhetische Werte wie: Kunst, Schönheit, Harmonie,
- materielle Werte wie: Güter, Geld, Macht und
- persönliche Werte wie: Takt, Freundschaft, Liebe, Pflichterfüllung, Tapferkeit, Disziplin usw.

Werte geben Halt

Werte sind wichtige gesellschaftliche Eckpfeiler für Gruppen und Einzelne. Das soziale Miteinander funktioniert nur durch ein stabiles Wertegerüst. Werte geben Orientierung und Halt. Bestimmte Werte sind uns persönlich, aufgrund von Erziehung und Herkunftsfamilie, besonders wichtig. Auf die Einhaltung dieser Werte achten wir sehr stark. Meist werden diese auch an die eigenen Kinder weitergegeben. Und in gut funktionierenden Partnerschaften liegen stets vergleichbare Wertvorstellungen zugrunde.

Werte geben uns einen Handlungsrahmen, der uns sicher und gelassen macht. Können wir unseren Werten gerecht werden, dann empfinden wir dies als „richtig." Ist uns beispielsweise der Wert Ehrlichkeit sehr wichtig, dann können wir, sogar trotz Konfrontation von außen, diesen verinnerlichten Wert leben. Wir werden, auch auf die Gefahr hin, uns unbeliebt zu machen, ehrlich sein. Insofern funktionieren unsere Werte als eine moralische Stütze. Haben wir „richtig" gehandelt, fühlen wir uns sicher und bestärkt. Und diese Sicherheit hält sogar dann noch an, wenn Kritik an unserem Handeln geübt wird. Das lässt uns gelassen bleiben.

Wertekonflikte

Ebenso wie uns Werte Halt vermitteln, kann es uns aus dem Gleichgewicht bringen, wenn Werte, die uns wichtig sind, nicht beachtet werden: Das, was uns richtig und wichtig erscheint, wird durch entgegenlaufende Anforderungen ausgehebelt oder in Frage gestellt.

Beispiel

Herr O. erzählt: „Seit Monaten, bekomme ich von meinem Chef Vorwürfe. Ich weiß selbst, dass meine Umsätze nicht die besten sind. Die meisten meiner Kollegen sind erfolgreicher.

Wir erhalten von unserem Außendienstleiter Vorgaben. So müssen wir bei unseren Kunden argumentieren, damit sie Verträge abschließen. Mir liegt das einfach nicht. Ich muss mich da richtig überwinden. Die kriegen doch überhaupt nicht mit, dass sich der Vertrag automatisch verlängert. Ich habe ein Problem damit, die Leute so über den Tisch zu ziehen."

Dieser Außendienstmitarbeiter gerät durch die Art der Aufgabenstellung in seinem Unternehmen in einen Konflikt zwischen Werten wie Disziplin und Pflichterfüllung sowie solchen wie Aufrichtigkeit und Ehrlichkeit. Wer sich häufig, z. B. durch seine Berufsrolle, in einem solchen Dilemma befindet, gerät früher oder später aus dem Gleichgewicht. Diese Konflikte gefährden die Gelassenheit, denn wir verbiegen damit permanent unsere Grundhaltung. Haben wir nach unseren persönlichen Wertvorstellungen falsch gehandelt, meldet sich das schlechte Gewissen. Das stellt eine weitere Belastung dar.

Das eigene Leben unter die Lupe nehmen

Ein Ausweg kann sein, das eigene Lebensmodell unter die Lupe zu nehmen. Stimmt es noch? Bin ich bereit, mich einem andauernden Wertekonflikt auszusetzen, oder muss ich mir Gedanken über einen anderen Weg machen? Wenn wir unsere Werte kennen, wissen, was uns antreibt oder behindert, dann fällt es leichter zu erkennen, in welcher Arena wir uns aufhalten sollten oder besser nicht.

Sobald Sie sich Ihre Werte bewusst machen, können Sie die folgenden Fragen beantworten:

- Was sind Ihre Bedürfnisse und Lebensmotive?
- Was wollen Sie erreichen?
- Ist das mit Ihren Werten zu vereinbaren?
- Wofür lohnt es sich, Wertekonflikte auf sich zu nehmen?

> Wenn Sie Ihre Werte, Bedürfnisse, Lebensmotive und Ziele kennen, dann können Sie gelassener werden. Denn dann wird sehr schnell offenkundig, was Sie im Leben nicht mehr brauchen, weglassen und entrümpeln können.

Auf einen Blick: So arbeiten Sie an Ihrer Einstellung

- Um gelassen zu bleiben, sollten Sie sich zunächst bewusst machen, wie Sie sich gedanklich selbst hemmen.

- Negative Erwartungen ziehen negative Ereignisse nach sich. Wenn Sie an eine Aufgabe oder Situation herangehen mit dem Glauben, dass sie gelingen oder gut laufen wird, erhöhen sich die Erfolgschancen erheblich.

- Jeder Mensch hat aufgrund von Erziehung und Erfahrungen Glaubenssätze gebildet, von denen er sich leiten lässt. Negative Glaubenssätze können Sie behindern. Rufen Sie sich diese Muster ins Bewusstsein und hinterfragen Sie sie.

- Vorurteile gefährden Ihre Gelassenheit, weil sie Ihr Handeln einschränken. Wenn Sie offen auf Menschen zugehen, haben Sie viel mehr Handlungsmöglichkeiten.

- Handeln Sie selbstverantwortlich, indem Sie Ihre Bedürfnisse wichtig nehmen. Wer nicht auf sich selbst achtet, ist nicht gelassen, sondern auf Dauer unzufrieden.

- Wir können uns stärken, indem wir positiv mit uns selbst kommunizieren, genauso aber schwächen, wenn wir negative Worte wählen.

- Wenn Sie sich Ihrer Werte bewusst sind, haben Sie einen Rahmen für Ihr Handeln, der Ihnen Sicherheit und damit Gelassenheit gibt.

So trainieren Sie gelassenes Verhalten

Um gelassen zu bleiben oder zu werden, müssen wir auch manche Verhaltensweisen ändern.

In diesem Kapitel geht es darum, wie Sie

- Entscheidungen treffen (S. 76),
- Prioritäten setzen (S. 80),
- Verantwortung übernehmen und abgeben (S. 84) sowie
- konsequent sind in dem, was Sie tun (S. 89).

Sich für Gelassenheit entscheiden

Pro Tag fällt jeder von uns Tausende von Entscheidungen. Wir entscheiden z. B., ob wir eine Jacke mitnehmen, bevor wir das Haus verlassen, was wir wann essen, was wir als Nächstes tun oder lassen. Was auch immer im Umfeld passiert, wir entscheiden den nächsten Schritt. Grundlage für eine Handlung ist immer die vorausgegangene Entscheidung.

Handeln heißt Entscheiden

Häufig müssen wir uns nicht nur zwischen zwei Möglichkeiten entscheiden, sondern zwischen mehreren Optionen auswählen. Haben wir eine Entscheidung getroffen, steht meist sofort die nächste an.

Beispiel

 Wenn Sie morgens ins Büro kommen, müssen Sie sich bereits entscheiden. Was tun Sie als Erstes? Den Computer anschalten, Kaffee holen oder die Kollegen begrüßen? Entscheiden Sie sich für Kaffee holen, sind sofort weitere Entscheidungen fällig: Kaffee stark oder schwach, Tasse groß oder klein, Kaffeesahne, Süßstoff oder Zucker, Keks dazu oder besser nicht, Untertasse, Glas Wasser usw.?

Kaum eine Minute unseres Wachlebens vergeht ohne gefällte Entscheidung. Wenn wir uns also für etwas entscheiden, dann werden die verbleibenden, anderen Möglichkeiten nicht genutzt. Sie können sich beispielsweise nicht mit Ihrer Freundin beim Chinesen zum Abendessen verabreden und gleichzeitig den Alaska-Vortrag in der Stadthalle besuchen.

In dem Fall haben Sie sich für den Chinesen und gegen den Vortrag entschieden.

Sich ärgern ist auch eine Entscheidung

Genauso ist es in Situationen, in denen wir nicht gelassen bleiben. Hier gilt das gleiche Spiel: Wir entscheiden immer. Indem wir uns für das eine entscheiden, verzichten wir auf das andere. Bleiben wir ruhig oder brausen wir auf? Ignorieren wir eine spitze Bemerkung, diskutieren wir weiter, wollen wir uns ärgern? Haben wir uns z. B. für „ich ärgere mich" entschieden, fällt „nicht ärgern" automatisch weg. Wir können nicht beides gleichzeitig. Wir wählen also immer selbstverantwortlich aus,

- ob wir auf etwas reagieren und
- in welcher Form wir reagieren.

Das heißt: Wir müssen uns aktiv für gelassenes Verhalten entscheiden. Wir könnten uns auch anders entscheiden. Die Wahl liegt bei uns. Und die jeweilige Entscheidung wirkt sich auf unser Tun aus. Zusätzlich wissen wir: Vorurteile, einschränkende Glaubenssätze, unsere Sicht auf andere Menschen usw. tragen zum individuellen Fühlen und Erleben erheblich bei. Und damit beeinflussen sie unsere Entscheidungen.

> Wir entscheiden uns stets für die eine und damit gegen eine andere Reaktion. Somit hat es immer mit der von uns gefällten Entscheidung zu tun, ob wir gelassen oder nicht gelassen bleiben.

Sie haben die Wahl

Beispiel

Sie sind angespannt, weil Sie seit Monaten Überstunden machen und extremen Arbeitsdruck haben. Ein Meeting löst das nächste ab, Sie erledigen die Aufgaben eines „abgebauten" Kollegen mit, haben einen unüberschaubaren Arbeitsberg vor sich und befürchten, den Überblick zu verlieren.

Nun bekommen Sie den Auftrag, für zehn Monate die Schwangerschaftsvertretung einer Kollegin zu übernehmen. Sie versuchen den Zusatzjob abzulehnen und argumentieren mit Ihrer hohen Arbeitsbelastung. Ihr Vorgesetzter entgegnet Ihnen harsch, dass Sie das „jetzt mit erledigen und einfach mehr Gas geben sollten". Über die Schulter fragt ein Kollege hämisch, ob Sie „jetzt wohl auch wüssten, was Stress bedeutet".

Lassen Sie sich bitte auf folgendes Experiment ein: Stellen Sie sich vor, Sie befinden sich in genannter Situation. Wie könnten Sie reagieren?

Betrachtung 1: Aufbrausen

Was müssten Sie tun, um diesem Kollegen so richtig an den Kragen zu gehen? Um Frust abzuladen und sich kräftig Luft zu verschaffen? Überlegen Sie bitte, was Sie sich dabei denken und vorstellen würden und wie Sie handeln müssten. Lassen Sie Ihren Gedanken freien Lauf und notieren Sie sich bitte Stichpunkte.

Betrachtung 2: Gelassen bleiben

Wie können Sie in dieser Situation gelassen bleiben? Was müssten Sie sich sagen, denken, vorstellen? Was müssten Sie tun, damit Sie ruhig bleiben? Auf welche Weise könnten Sie reagieren? Überlegen Sie ganz locker und notieren Sie sich wieder Stichpunkte.

Vergleich der Alternativen

Sollten Sie zu beiden Betrachtungen Stichpunkte gefunden haben, zeigt das bereits Ihre Wahlmöglichkeiten. Sie erkennen daran den Umfang Ihres Handlungsspielraums. Sie haben nun verschiedene Möglichkeiten vor sich. Daraus können Sie auswählen und entscheiden, wie Sie reagieren wollen.

- Bemerken Sie den Unterschied zwischen den beiden Handlungsvarianten?
- Erkennen Sie die Vielzahl Ihrer Wahlmöglichkeiten?
- Wofür/wogegen entscheiden Sie sich in der jeweiligen Betrachtung?
- Welche persönlichen Konsequenzen können Sie aus den unterschiedlichen Betrachtungen ableiten?

Je mehr Varianten Sie zur Auswahl haben, desto besser. Es ist immer günstig, sich in schwierigen Situationen alle Optionen klar zu machen. Raus aus dem stereotypen Muster: Meist haben wir viel mehr Handlungsspielraum, als wir denken. Im Rahmen der vorhandenen Möglichkeiten entscheiden Sie sich. Und dabei wählen Sie die für Sie beste Option.

Wenn Ihnen bewusst ist, dass Sie sich stets entscheiden, erkennen Sie, dass Sie agieren. Ausgeglichen zu sein oder gelassen zu bleiben, ist also etwas, das Sie aktiv tun. Gelassensein setzt voraus, dass Sie sich selbstverantwortlich für gelassenes Verhalten entschieden haben!

Die richtigen Prioritäten setzen

Wir entscheiden uns nicht nur dafür, wie wir in bestimmten Situationen reagieren, sondern wir entscheiden auch über die Wichtigkeit von Tätigkeiten und darüber, wie viel Zeit wir für die einzelnen Tätigkeiten oder Tätigkeitsbereiche aufwenden: Was ist wichtig, was ist zuerst an der Reihe, was ist dringend usw.? Und natürlich auch: Was können wir weglassen?

Test: Wie teilen Sie Ihre Zeit ein?

Nehmen Sie bitte Ihren Organizer zur Hand und betrachten Sie einige Übersichten vergangener Tag. Sollten Sie keinen Planer haben, lassen Sie die letzten Tage bitte einfach in Gedanken Revue passieren. Was stellen Sie fest?

Antworten Sie bitte ganz spontan:	Ja	Nein
Haben Sie zu viel gearbeitet?		
Konnten Sie nur sehr eingeschränkt auf Ihre Bedürfnisse achten?		
Hatten Sie wenig oder gar keine Freizeit?		
Haben Sie nur unregelmäßig gegessen oder Pausen gemacht?		
Verbrachten Sie Zeit mit Dingen, die nicht mit Ihrem Beruf zu tun hatten, die Sie nicht tun wollten, die Ihnen nicht wichtig waren, denen sich aber verpflichtet gefühlt haben?		

Fühlten Sie sich verspannt, angespannt, ausgenutzt oder geladen?		
Waren Sie müde und unmotiviert?		
Hatten Sie das Gefühl, nichts geschafft zu haben?		

Wenn Sie diese Fragen durchweg mit Nein beantworten konnten, dann ist alles in bester Ordnung. Dann sind Sie auf einem guten Weg, ein gelassener Mensch zu werden. Falls Sie mehrfach Ja gesagt haben, verdienen diese Punkte Ihre Aufmerksamkeit. Darin finden Sie einen weiteren Schlüssel zu Ihrer Gelassenheit.

Überlegen Sie: Wofür und wogegen haben Sie sich entschieden?

1 Was haben Sie als wichtig eingestuft?
2 Was haben Sie überbewertet?
3 Was haben Sie möglicherweise vernachlässigt?
4 Sind Ihre Wichtig-Tätigkeiten und Ihr Zeitkontingent miteinander kompatibel?
5 Was könnten Sie weglassen und anstelle dessen tun?
6 Haben Sie sich und Ihre Bedürfnisse ebenso wichtig genommen wie andere Aufgaben?

Mit der Zeit achtsam umgehen

Sie entscheiden wiederum, wie Sie mit Ihren täglichen 24 Stunden umgehen. Weitermachen wie bisher oder etwas verändern? Weitermachen ist dann empfehlenswert, wenn Sie gut mit Ihrer Zeit klarkommen und schon relativ gelassen sind: „Never change a running system!" Änderung ist dann angesagt, wenn Sie unter Stress und Hektik leiden.

Hilfreich: die ABC-Analyse

Arbeiten Sie bereits mit einer ABC-Priorisierung für alle anfallenden Tätigkeiten? Diese hilft Ihnen, Ihre Aktivitäten zu gewichten. Versehen Sie in Ihrem Zeitplaner alle Aufgaben mit A, B oder C und einer entsprechenden Zeitschiene. Dann haben Sie eine Grundlage dafür, wie viel Zeit die einzelnen Bereiche in Anspruch nehmen dürfen. Über zu viele C-Aufgaben müssen Sie kritisch nachdenken. In diese Betrachtung sollten nicht nur anstehende Erledigungen und Verpflichtungen einbezogen werden, sondern auch Sie als Person mit Ihren Bedürfnissen. Wer sich nicht ebenso bewusst für Pausenzeiten, sein Wohlergehen oder seine Freizeit entscheidet, wird dies letzten Endes auch nicht in seinem Tagesplan wiederfinden. Um zur Gelassenheit zu gelangen, ist der persönliche Ausgleich sehr wichtig.

Leben Sie in der Gegenwart

Viele verzetteln sich zwischen zahlreichen Aktivitäten, sind gedanklich entweder bei Problemen der Vergangenheit oder bei zukünftigen Aufgaben. Die folgende Metapher beschreibt, wie Gelassenheit zu finden ist, wenn man sich ganz dem widmet, was man gerade tut.

Beispiel

Es kamen einmal Suchende zu einem alten Zen-Meister. „Meister", fragten sie, „was tust du, um glücklich und zufrieden zu sein? Wir wären auch gerne so glücklich wie du." Der Alte antwortete mit mildem Lächeln: „Wenn ich liege, dann liege ich. Wenn ich aufstehe, dann stehe ich auf. Wenn ich gehe, dann gehe ich und wenn ich esse, dann esse ich."

Die Fragenden schauten betreten in die Runde. Einer platzte heraus: „Bitte, treibe keinen Spott mit uns. Was du sagst, tun wir auch. Wir schlafen, essen und gehen. Aber wir sind nicht glücklich. Was ist also dein Geheimnis?" Es kam die gleiche Antwort: „Wenn ich liege, dann liege ich. Wenn ich aufstehe, dann stehe ich auf. Wenn ich gehe, dann gehe ich und wenn ich esse, dann esse ich."

Der Meister fügte nach einer Weile hinzu: „Sicher liegt auch ihr und ihr geht auch und ihr esst. Aber während ihr liegt, denkt ihr schon ans Aufstehen. Während ihr aufsteht, überlegt ihr, wohin ihr geht und während ihr geht, fragt ihr euch, was ihr essen werdet. So sind eure Gedanken ständig woanders und nicht da, wo ihr gerade seid.

Im jetzigen Augenblick, zwischen Vergangenheit und Zukunft, findet das eigentliche Leben statt. Lasst euch auf diesen Augenblick ein und ihr habt die Chance, gelassen und glücklich zu sein."

Verantwortung übernehmen und abgeben

Für vieles in unserem Leben tragen wir Verantwortung: für uns selbst und unsere Gesundheit, für Menschen und Lebewesen, die uns anvertraut sind, für Pflichten in Beruf und Familie. Wir tragen Verantwortung für unsere Handlungen und auch für unsere Unterlassungen. Wir können in die Verantwortung genommen werden, sofern wir keine Krankheit haben, die uns davon entbindet.

Dann gibt es Dinge, für die wir nicht verantwortlich sind, z. B.: die Wetterlage, Vulkanausbrüche, die Farbe des Himmels, die Erdanziehungskraft usw. Das erscheint klar, da dies Phänomene sind, auf die wir keinen Einfluss haben. Manchmal ist die Frage nach der Verantwortung jedoch nicht ganz so offensichtlich. Deshalb ist es wichtig, dass Sie sich bewusst machen, für was Sie tatsächlich verantwortlich sind.

Verantwortlich sein versus verantwortlich fühlen

Als Elternteil sind Sie dafür verantwortlich, dass Ihr Kleinkind nicht auf die Straße läuft oder in die Steckdose fasst. Für Ihre Gesundheit, Ihr gesellschaftliches Auftreten tragen Sie Verantwortung. Durch Ihre Unterschrift unter einen Arbeitsvertrag versichern Sie verantwortlichen Umgang mit Produkten, internen Informationen oder Erholungszeiten. Wenn Sie am Steuer sitzen, tragen Sie Verantwortung für die Mitinsassen.

Wofür fühlen Sie sich verantwortlich?

Daneben gibt es Dinge, für die wir uns verantwortlich fühlen, es aber nicht sind.

Beispiel

> Ihre Mutter erwartet Sie wie selbstverständlich jeden Sonntag um zwölf zu Schweinebraten und Klößen und ist „sehr traurig", wenn Sie einmal nicht kommen können. Sie nimmt Ihre Absage geknickt und gekränkt an.
>
> Den Ausflug mit Freunden können Sie gar nicht richtig genießen, weil Sie vom schlechten Gewissen geplagt werden. Ihre Mutter tut Ihnen leid. Letztlich ist Ihnen der ganze Tag vermiest, weil Sie ständig an Ihre enttäuschte Mutter denken müssen.

In solchen Fällen stellt sich zunächst die Frage nach der Verantwortung. Wer ist für was verantwortlich? Sobald Sie für alles und jeden die Verantwortung übernehmen, können Sie kaum gelassen bleiben. Es wird immer so sein, dass nicht alle Menschen, Sie selbst eingeschlossen, gleichzeitig zufrieden sind oder von Ihnen glücklich gemacht werden können. Es wird immer wieder Missstände oder Enttäuschungen geben. Nicht für alle sind Sie verantwortlich. Lassen Sie deshalb die Verantwortung dort, wo sie hingehört.

Übernehmen Sie nicht jegliche Verantwortung

Konkret heißt das im oben genannten Fall: Ihre Mutter möchte, dass Sie zum Essen kommen. Sie kommen ganz gern, wollen aber ab und zu an Sonntagen etwas anderes unternehmen. Sie tragen hierbei nur die Verantwortung für die rechtzeitige und korrekte Absage. Nicht für das Sonntagsprogramm Ihrer Mutter. Und nicht für die Stimmung der Mutter. Belassen Sie die Dinge dort, wo sie hingehören, sofern es sich um mündige und erwachsene Menschen handelt.

Da es hier in erster Linie um Wünsche einer anderen Person geht, ist es sinnvoll, im Zuge der Eigenverantwortung zu überprüfen, inwiefern der sonntägliche Schweinebraten für Sie (noch) passt oder nicht. Deckt sich der Wunsch Ihrer Mutter mit Ihren Bedürfnissen? Oder fühlen Sie sich vielmehr verpflichtet, genervt, fremdbestimmt? Ist das regelmäßige Sonntagsessen für Sie wichtig, anregend und wollen Sie das?

> Es gibt einen Unterschied zwischen „ich bin verantwortlich" und „ich fühle mich verantwortlich." Ersteres müssen Sie annehmen, Letzteres kritisch hinterfragen. Sie können nur gelassen bleiben, wenn Sie sich nicht für alles verantwortlich fühlen.

Wo können Sie delegieren?

Für Führungskräfte, die mit Gruppen und Teams arbeiten, ist ebenfalls die Frage nach den Verantwortlichkeiten relevant. Auch innerhalb einer Familie spielt dies eine Rolle. Zum Thema Eigenverantwortlichkeit in Gruppen entwickelte Ruth Cohn das sogenannte Chairperson-Postulat.

Das Chairperson-Postulat

In vielen Gruppen besteht eine unausgesprochene Erwartungshaltung, der Leiter sei für das Wohlbefinden aller verantwortlich. Das Gleiche gilt für Eltern in einer Familie. Das Chairperson-Postulat durchkreuzt genau diese Haltung, dem Wissens- und Reifegrad der Betroffenen angepasst. Für alle gilt: Jeder ist für sein Tun selbst verantwortlich. Die Aufgabe des Leiters oder des Elternteils ist es, Prozesse zu organisieren und zu moderieren. Seine Verantwortung liegt

- in der Bereitstellung einer geeigneten Umgebung,
- darin, den Gesamtplan und die Aufgaben der Einzelnen sowie den Gruppenprozess im Auge zu haben,
- in der Formulierung der Anliegen und der Steuerung des Arbeitsflusses im Team (bzw. der Aufgabenverteilung in der Familie),
- in der Wahl geeigneter Sozial- und Arbeitsformen,
- darin, zu ermöglichen, dass die Mitarbeiter (Kinder, Familienangehörigen) Eigenverantwortung und Selbstorganisation übernehmen.

Jeder trägt an seinem Platz Verantwortung

Alle Mitarbeiter haben – unabhängig von ihrer hierarchischen Eingliederung – die Verantwortung für das eigene Handeln zu übernehmen. Sie sind beim Lernen und Arbeiten freie Menschen. Natürlich sind sie gezwungen, bei den Entscheidungen, die ihre Tätigkeit betreffen, ihr unmittelbares Umfeld und ihre Eingebundenheit in den gesellschaftlichen Kontext im Auge zu behalten. Jede(r) trägt Verantwortung für sich selbst und für das Ganze. Autonomie und Interdependenz (Gegenseitigkeit) sind eine Grundgesetzlichkeit menschlichen Lebens. Machen Sie sich klar, worin Ihr Verantwortungsbereich besteht. Diesen nehmen Sie wahr. Alles andere belassen Sie bei den anderen.

Blauäugig wäre es, wollte man mit diesem Postulat die Unterschiedlichkeit der Rollen prinzipiell aufheben. Eltern bleiben Eltern und Vorgesetzte bleiben Vorgesetzte. Das heißt aber nicht, dass sich die Rollen durch dieses Denken nicht verändern ließen: Der Vorgesetzte/das Elternteil kann sich vom Instrukteur zum Berater entwickeln. Und der Mitarbeiter/das Kind kann zunehmend Rollenanteile eines Vorsitzenden in bestimmten Bereichen übernehmen. Es ist wichtig, dass diese Regeln langsam und langfristig eingeführt werden, denn sie stellen die gewohnte Praxis auf den Kopf. Die Abgabe von Verantwortung hat zwei positive Effekte: Menschen fühlen sich wertgeschätzt, wenn man ihnen etwas zutraut, und Sie selbst werden gelassener sein, weil Sie sich entlasten.

Was können Sie abgeben?

Überlegen Sie, welche Verantwortlichkeiten Sie in Ihrem Umfeld auf andere übertragen können, um gelassener zu werden.

- Welche Verantwortung binden Sie ggf. zu stark an sich?
- Was könnten andere an Ihrer Stelle ebenso gut übernehmen (z. B. C-Aufgaben)?
- Wo läge ein Vorteil, wenn jemand anderer die Verantwortung übernehmen würde?

Konsequent handeln

Gelassen wird man, wenn man konsequent ist. Das kann Entscheidungen oder Verhalten betreffen. Konsequenz ist die Folge eines Sachverhalts: Wenn X stattfindet, dann folgt, zwingend oder möglicherweise, Y. Konsequent sein bedeutet, folgerichtig zu handeln.

Konsequent in Richtung Gelassenheit

Da Konsequenz viel mit Klarheit, Berechenbarkeit und Orientierung zu tun hat, macht sie allen Beteiligten das Leben leichter. Das beginnt im Kindergarten, wo wir erfahren, „wenn ich Fritzi einen Bauklotz an den Kopf werfe, weint er oder wirft zurück". Und es endet damit, zu wissen, dass wir die Kündigung erhalten, wenn wir unentschuldigt der Arbeit fern bleiben.

Es gibt nichts, das nicht unmittelbar mit einer Konsequenz verbunden wäre. Wenn wir abnehmen wollen, können wir nicht weiterfuttern wie bisher. Wenn wir mehr Geld verdienen wollen und dafür Überstunden machen, haben wir weniger Freizeit als vorher. Wenn wir uns von anderen nicht stressen lassen wollen, müssen wir konsequent gegensteuern. Ansonsten – und auch das ist konsequent – bleibt alles beim Alten.

> „Wenn ich manchmal bedenke, welch riesige Konsequenzen kleine Dinge haben, ... bin ich versucht zu glauben, ... dass es gar keine kleinen Dinge gibt." (B. Barton)

Wir wissen, wie sich ein bestimmtes Verhalten auf unsere Gelassenheit auswirkt. Wir kennen die Folgen. Bringen wir uns stets in eine Position, die Druck oder Stress generiert, merken wir, dass die Gelassenheit schwindet. Wollen wir es allen recht machen und übernehmen klaglos jede noch so unwichtige Aufgabe, passiert dasselbe. Wollen wir gelassener werden, dann dürfen wir nicht in steter Regelmäßigkeit in die alten Fallen tappen. Wir müssen uns Zusammenhänge klar machen und uns konsequent *anders* verhalten, damit wir gelassen bleiben können.

Wunde Punkte suchen

Wie können Sie konsequent für Ruhe, Entspannung und Entlastung sorgen? Was müssen Sie tun sowie ein- und durchhalten, damit Sie gelassen bleiben können? Wenn man feststellt, dass etwas schiefläuft, und unbeirrt das Gleiche wie immer tut, wird sich nichts verändern. Und ganz ehrlich: Meist wissen wir doch sehr gut, was wir tun oder lassen sollten. Die Themenbereiche, um die es sich häufig dreht, haben mit Entscheidungen, Prioritäten, Verantwortung zu tun:

- Habe ich Ziele, sind diese eindeutig formuliert und verfolge ich diese konsequent?
- Setze ich Prioritäten?
- Nehme ich mich ausreichend wichtig?
- Ist das, was ich tue, mit meinen Werten im Einklang?
- Verzettele ich mich in diversen (Neben-)Rollen?

- Kann ich Nein sagen, wenn ich etwas nicht tun möchte?
- Bekomme ich in meinem Alltag genügend Energie für mich?

Lernen Sie, Nein zu sagen

Indem Sie Nein sagen, legen Sie klare Schranken fest: bis hierher und nicht weiter. Wer nicht Nein sagt, muss sich nicht wundern, wenn andere permanent persönliche Grenzen übertreten.

Klar sein

Es ist reine Vermeidungshaltung, wenn wir nicht Nein sagen, obwohl wir Nein meinen. Aus dem nicht klaren Nein schließt Ihr Gegenüber logischerweise sofort auf Ja. Sie fürchten möglicherweise Unannehmlichkeiten, haben Angst vor der enttäuschten oder verärgerten Reaktion des anderen oder gehen davon aus, man könnte Sie für faul halten usw. Mit dieser Haltung sind Sie jedoch ständig manipulierbar und lassen sich ausnutzen. Indem Sie nicht klipp und klar Nein sagen, spielen Sie dieses ungute Spiel mit und tragen dafür auch noch die Kosten. Das ist weder in Ihrem Sinne, noch kommt es Ihrem Bedürfnis nach Gelassenheit zugute.

Ja und nicht Jein

Es gibt eine einfache Regel, um nicht aus Mitleid oder Angst Ja zu sagen, obwohl Sie Nein meinen: Beantworten Sie ausschließlich Anfragen mit Ja, hinter denen Sie bewusst stehen und bei denen Sie sofort zustimmen können. Alles andere bedeutet automatisch Nein. Den Mut, dieses Nein dann deutlich auszusprechen, bringen Sie leichter auf, wenn Sie sich die Konsequenzen daraus vorstellen: zum Beispiel, dass Sie wieder in Arbeit versinken, während andere Freizeit haben und sich entspannen.

> Für den Erhalt Ihrer Gelassenheit sagen Sie nur dann Ja, wenn Sie wirklich Ja meinen. Alles andere beantworten Sie mutig mit Nein.

Seien Sie diszipliniert

Vielleicht haben Sie sich bereits das eine oder andere vorgenommen, um gelassener zu werden. Sorgen Sie dafür, dass Sie dies einhalten. Sobald Sie Ihre Vorsätze verwässern, gehen Sie wieder konsequent weg von Ihrer Gelassenheit.

Beispiel

 Wenn Sie wissen, dass Sie durch einen Abendspaziergang entspannen und gelassener werden, sollten Sie diesen fest einplanen. Manchmal muss man diese Stunde auch gegen andere Anforderungen verteidigen. Je mehr Zeitdruck Sie haben, desto konsequenter müssen Sie planen. Wenn Sie nicht planen, wird Ihnen die Stunde für den Spaziergang nie zur Verfügung stehen. Tun Sie diszipliniert das, was Ihnen gut tut.

Haben Sie Bereiche gefunden, die Sie verändern möchten, dann geht es an die Umsetzung. Dafür ist Selbstdisziplin nötig. Es beginnt z. B. bei der eigenen Veränderungsstrategie und deren Planung.

Checkliste: Konsequente Umsetzung von Gelassenheit

- Entscheiden Sie sich für Veränderung.
- Legen Sie fest, was Ihnen wichtig ist.
- Schreiben Sie auf, welches Ziel Ihnen erstrebenswert erscheint.
- Zerlegen Sie ein großes Ziel in kleine Abschnitte.
- Setzen Sie Ihr Ziel konsequent um.
- Verändern Sie Herangehensweisen.
- Wählen Sie aus, was zu tun und zu lassen ist.
- Trennen Sie Wichtiges von Unwichtigem.
- Lassen Sie keine Ausreden gelten.
- Nehmen Sie sich für jeden Tag etwas Konkretes vor.

Zu Anfang mag das etwas aufwendig erscheinen, doch irgendwann wird es zum Automatismus. Sie werden routinierter und bemerken Fortschritte. Diese spornen wiederum an. Selbstdisziplin macht Sie insgesamt zufriedener, weil sie zu sichtbaren Ergebnissen führt. Das ermöglicht mehr Gelassenheit.

Auf einen Blick: So trainieren Sie gelassenes Verhalten

- Machen Sie sich klar: Was Sie auch tun und lassen – es ist Ihre Entscheidung. Sie können sich bewusst für mehr Gelassenheit entscheiden.

- Setzen Sie Prioritäten. Ordnen Sie Ihre Aufgaben nach Wichtigkeit und planen Sie entsprechend viel Zeit dafür ein. Finden Sie Ihre Zeitfresser heraus. Was können Sie besser organisieren, um Zeit und Energie zu sparen?

- Sie sind nicht für alles verantwortlich. Lassen Sie anderen deren Verantwortung und lernen Sie zu delegieren.

- Sagen Sie konsequent Nein, wenn Sie etwas innerlich ablehnen. Oft sagen wir aus Konfliktscheu oder Mitleid vorschnell Ja.

- Verfolgen Sie diszipliniert Ihre Ziele. Nehmen Sie sich jeden Tag vor, an Ihrer Gelassenheit zu arbeiten.

Techniken für schwierige Situationen

Was tun, wenn man von anderen verbal angegriffen wird, mit offener Aggression konfrontiert ist oder es mit schwierigen Gesprächspartnern zu tun hat? Es ist hilfreich, wenn man weiß, wie man in solchen Fällen gelassen bleibt.

In diesem Kapitel geht es darum,

- sich durch klare Aussagen Respekt zu verschaffen (S. 96),
- verbale Attacken gelassen zu kontern (S. 98),
- mit offener Aggression umzugehen (S. 106),
- mit sehr empfindlichen oder sturen Gesprächpartnern umzugehen (S. 110) und
- wie man sich aus unhaltbaren Situationen rettet und sich danach wieder beruhigt (S. 120).

Klar und respektvoll kommunizieren

Basis für den erfolgreichen Umgang mit jedem Gesprächs-partner ist gegenseitiger Respekt. Behandeln Sie Ihr Gegen-über respektvoll, fordern Sie jedoch auch für sich ein solches Verhalten ein. Wer wertschätzend kommuniziert, indem er den anderen ernst nimmt, kann gelassener bleiben, weil das Gespräch so meist auf einer sachlicheren Ebene abläuft.

Um den eigenen Standpunkt zu vertreten, müssen Sie klipp und klar sagen, was Sie wollen. Klare Botschaften vermitteln Konsequenz und Souveränität. Obendrein tragen sie dazu bei, Missverständnisse einzudämmen oder auszuschließen. Durch unmissverständliche Aussagen wirkt man zudem selbstbe-wusster.

Sie können sich ausmalen, was in einer angespannten Situa-tion geschieht, wenn Sie sagen: „Vielleicht könnte man jeden mal ausreden lassen?" Genau: Sie kommen garantiert nicht zu Wort. Kein Satz, der ein „sollte", „könnte", „müsste", ge-paart mit einem schwammigen „man" enthält, ist wirkungs-voll. Deshalb: Wenn Sie etwas sagen möchten, dann tun Sie dies ohne Umschweife. Punkt.

Beispiel

 Reden Sie Klartext, wenn Sie etwas wollen: „Herr M., ich erwar-te, dass Sie in einem anderen Ton mit mir sprechen." Oder: „Herr M., ich habe Sie ausreden lassen. Das gleiche Recht gilt auch für mich. Danke."

Also: Wenn Sie wollen, dass Ihnen der andere zuhört, dann sagen Sie ihm dies direkt. Je klarer Sie sich ausdrücken, desto unmissverständlicher wird die Kommunikation. Hier einige nützliche Tipps für Botschaften, die nicht verletzten und dennoch Ross und Reiter nennen:

Checkliste: Kommunizieren Sie klar

Sprechen Sie für sich, mit Wörtern wie: ich, mich, mir, meine usw.	„Ich akzeptiere Ihre Unterbrechungen nicht mehr." „Ich bitte Sie um einen Alternativvorschlag." „Ich kann das nicht nachvollziehen."
Teilen Sie Ihre Gedanken mit: Denkweise, Beurteilung, Überzeugung.	„Meiner Meinung nach ist dies der richtige Zeitpunkt." „Ich bin überzeugt davon, dass das funktioniert."
Äußern Sie Ihre Gefühle.	„Ich ärgere mich über Ihre Bemerkung." „Ich freue mich über diese Anerkennung."
Drücken Sie Ihre Absicht klar aus.	„Ich erwarte bis morgen einen Vorschlag." „Ich werde das am Montag entscheiden."
Kündigen Sie Ihre Handlungen an: Informieren Sie darüber, was Sie tun werden.	„Ich diskutiere mit Ihnen, sobald wir alle Fakten haben." „Ich werde dem zustimmen."

Üben Sie diese Form der Kommunikation, wann immer sich eine Gelegenheit bietet. Je besser Sie das beherrschen, desto selbstbewusster und gelassener fühlen Sie sich.

Verbale Angriffe kontern

Meinungsverschiedenheiten gibt es in jeder menschlichen Beziehung. Sie sind unvermeidbar. Es agieren immer Individuen mit unterschiedlichen Ansichten, Wertvorstellungen, Wahrnehmungen und Verhaltensweisen. Für die Aufrechterhaltung Ihrer Gelassenheit sollten Sie fähig sein, Angriffe angemessen zu kontern – ohne vernichtend zurückzuschlagen.

Elegante Methoden zur Abwehr

Es ist immer gut, wenn es gelingt, die große Keule stecken zu lassen. Halten Sie sich mit Angriffen zurück, solange es geht. Ein Schlagabtausch kostet Nerven und Ihre Energie. Sollte es jedoch nötig werden, sich zur Wehr zu setzen, dann tun Sie dies richtig und gezielt. Sie müssen sich keineswegs in stiller Dulder-Manier Unverschämtheiten aussetzen und den Kopf hinhalten.

Rechtzeitig die Lage klären

Frühzeitige Interventionen sind immer hilfreich, gerade dann, wenn es noch zu keiner offenen Konfrontation gekommen ist. Sprechen Sie es daher deutlich an, wenn Sie den Eindruck haben, dass eine Beziehung in Schieflage gerät.

Beispiel

> „Frau T., ich habe den Eindruck, dass Sie ärgerlich auf mich sind.
> Sollten wir etwas besprechen?" Dieses Nachfragen nimmt
> niemand übel. Es beweist vielmehr Ihren verantwortungsvollen
> Umgang mit anderen.

Befinden Sie sich bereits mitten im Konfliktgespräch, dann
helfen Ihnen folgende Techniken weiter.

Aussage wiederholen lassen

Dem Gesprächspartner rutscht im Eifer des Gefechts eine
übermäßig harte Formulierung heraus. Nicht selten erschrickt
er im Nachhinein selbst über seine eigenen Worte. Bleiben
Sie gelassen, geben Sie jedoch Ihrer Verwunderung Ausdruck:
„Ich bin mir nicht sicher, ob ich Sie richtig verstanden habe.
Können Sie das bitte noch einmal wiederholen?" Durch Ihre
Aufforderung zur Wiederholung muss der andere über das
Gesagte nachdenken. Das Spontane wird so aus der Situation
herausgenommen. Erfahrungsgemäß findet er beim zweiten
Mal wesentlich mildere Worte.

Beispiel

> Ihr Mitarbeiter schäumt: „Sie sind ein studierter Schreibtischtä-
> ter. Was wissen Sie in Ihrem Büro denn schon davon, wie es bei
> uns zugeht? Sie haben echt keine Ahnung von der Praxis!"
>
> Sachliche Nachfrage: „Erklären Sie mir bitte, wie ich das verste-
> hen darf?" Mitarbeiter: „Ich meine damit, dass es gut wäre, Sie
> würden sich das selbst mal vor Ort ansehen. Damit Sie sich von
> unseren Problemen überzeugen können."

Schweigen

Zu reagieren, indem man nichts sagt, ist eine harte, jedoch sehr elegante Form der Zurechtweisung. Der Sprecher rechnet mit einer Reaktion von Ihnen auf eine beleidigende Aussage. Wenn Sie sich anders als erwartet verhalten, verunsichern Sie Ihren Gesprächspartner. Gehen Sie mit keiner Regung auf die Aggression oder Unverschämtheit ein. Blicken Sie Ihrem Gegenüber fest in die Augen und schweigen Sie – der andere muss die Stille und damit die Peinlichkeit seiner Worte ertragen. Ihr Schweigen wird bewusst eingesetzt. Das hat nichts mit Sprachlosigkeit zu tun! Verhalten Sie sich danach so, als wäre nichts geschehen. Sind mehrere Gesprächsteilnehmer anwesend, wenden Sie sich übergangslos einer anderen Person und dem weiteren Ablauf zu. Sie zeigen Stärke, indem Sie sich nicht auf ein Niveau unterhalb der Gürtellinie herablassen. Der Sprecher disqualifiziert sich selbst und dieser Eindruck bleibt unweigerlich stehen. Probieren Sie es aus: Damit bleiben Sie souverän und gelassen.

> Eine Fünf-Sekunden-Schweigepause, die im Raum steht, ist für viele Menschen eine harte Belastungsprobe. Die Wucht des Schlages kommt wie ein Bumerang auf den Angreifer zurück. Danach können Sie gelassen zum nächsten Punkt übergehen.

Standpunkt unbeirrt vertreten

Manchmal können Sie Aufregungen und Angriffe auflösen, wenn Sie sich absolut nicht aus der Ruhe bringen lassen. Diese Technik ist dann angebracht, wenn der Gesprächspartner ständig neue Gegenargumente aus dem Hut zaubert und Ihnen permanent erklärt, warum etwas nicht geht. Dem Gegenüber nehmen Sie den Wind aus den Segeln, indem Sie gelassen Ihre Aussage oder Bitte stets erneut wiederholen. Immer wieder. Verfolgen Sie dabei klar Ihre Absicht und Ihr Gesprächsziel.

Beispiel

 Ihr Mitarbeiter soll bis zum nächsten Tag eine Übersicht erstellen. Er versucht, die Aufgabe zum wiederholten Male zu verschieben oder auf einen Kollegen abzuwälzen. Sie sagen: „Herr R., ich möchte, dass Sie das bitte bis morgen vorbereiten." Zählt Ihnen der Mitarbeiter daraufhin immer neue Argumente auf, warum er das nicht tun kann oder will, bleiben Sie hartnäckig und bestimmt: „Herr R., ich verstehe Ihren Zeitdruck, Ihre Übersicht benötigen wir trotzdem morgen." Kein weiteres Statement. Auch wenn Ihr Gegenüber nun heftiger oder aggressiv argumentiert: Wiederholen Sie Ihre Forderung wie eine Schallplatte, die hängen bleibt: „Ja, das kann sein, Ihre Zahlen benötigen wir bitte trotzdem morgen." Spätestens nach der vierten Wiederholung hat Ihr Gesprächspartner etwas bemerkt: Er kann mit Ihnen darüber nicht weiter diskutieren.

Sie können diese Methode bei allen Gesprächen anwenden, bei denen Sie gezielt etwas durchsetzen möchten. Der Vorteil ist, man bleibt beim angestrebten Ziel und kommt nicht vom Thema ab. Sie müssen sich nur gelassen auf das, was Sie haben möchten, konzentrieren.

Schlagfertigkeit

Treffsichere Entgegnungen sind am wirkungsvollsten, wenn sie ohne längere Denkpause innerhalb von vier Sekunden erfolgen. Meist fällt uns nach einem Wortgefecht allerdings erst beim Feierabendbier eine witzige, clevere oder elegante

Antwort ein, eine Antwort, die sitzt und den anderen in die Schranken weist. Doch leider kommt sie niemals dann, wenn sie dringend gebraucht wird. Deshalb fühlen wir uns stundenlang wie ein begossener Pudel. Schluss damit: Zuerst raus aus der Opferrolle, dann gekonnt kontern!

Beispiel

 Die britische Unterhaus-Abgeordnete Nancy Astor, eine Frauenrechtlerin, machte aus ihrer Abneigung gegenüber Winston Churchill keinen Hehl. Churchill wurde während einer Abendgesellschaft von Lady Astor angegriffen. Die Dame sagte: „Wenn ich Ihre Frau wäre, würde ich Ihnen Gift in den Kaffee schütten." Ungerührt antwortete Churchill: „Wenn ich Ihr Mann wäre, würde ich ihn trinken."

Naturtalente pfeffern eine Antwort zurück, dass der Gegner wortlos dasteht oder sich belächeln lassen muss. Doch auch nicht unter dem Schlagfertigkeitsstern Geborene können das trainieren. Selbst wenn Sie nicht sofort zum Großmeister werden, hier finden Sie ab der nächsten Seite einige Techniken, die fast immer passen und die Sie sich leicht merken können. Diese sind einfach zu erlernen und sehr wirksam. Ziel ist es, verbalen Angriffen souverän zu begegnen und diese geschickt zurückzuweisen. Ihre Instrumente: Wortspiele, paradoxe Aussagen und witzige Bilder.

Beispiel

 Noch einmal Winston Churchill. Lady Astor sagte zu ihm: „Sie sind ja betrunken." Daraufhin antwortete Churchill: „Morgen bin ich wieder nüchtern, aber Sie sind immer noch hässlich."

Schlagfertigkeit kann verletzen

Worte können scharfe Waffen sein. Je nach Situation kann sich der Gesprächspartner vor anderen beleidigt oder lächerlich gemacht fühlen und das Gesicht verlieren. Das lässt sich kein Mensch gerne gefallen. Somit müssen Sie mit einer Retourkutsche rechnen. Bei aller Freude über treffende Antworten sollten Sie sich im Klaren sein: Nicht alle Techniken der Schlagfertigkeit tragen unbedingt zur Harmonie bei. Entscheiden Sie situativ, was Ihnen wichtig erscheint. Schlag und fertig oder besser Konsens? Beide Varianten haben ihre Berechtigung. Wenn Sie Ihre Grenzen schlagkräftig verdeutlichen, dann ist es auszuhalten, eventuell nicht (mehr) gemocht zu werden. Wägen Sie, Ihrer Gelassenheit zuliebe, sorgfältig ab: Ist es eine Situation, in der der Gegner einen unmissverständlichen Schuss vor den Bug braucht, oder reicht eine eindeutige, klare Botschaft aus?

Konter einüben

Es gibt verschiedene Möglichkeiten des Konterns. Nicht alle gehen einem gleichermaßen locker über die Lippen. Probieren Sie aus, was Ihnen am besten liegt. Diese Technik(en) trainieren Sie, bis Sie nicht mehr nachdenken müssen. Es lohnt sich, bei alltäglichen Gesprächen, Sitzungen oder Dialogen im Fernsehen aktiv mitzugehen und sich dabei eine situationsgerechte, schlagfertige Antwort auszudenken. Das sind wunderbare Übungsplattformen. Am Ziel sind Sie, sobald Sie sagen können: Souverän gekontert – gelassen geblieben.

> Der renommierte Schweizer Kommunikationstrainer Marcus Knill formuliert es so: „Bei der Schlagfertigkeit liegt das Hauptgewicht weder auf dem ‚Schlagen' noch auf dem ‚Fertigmachen'. Schlagfertigkeit ist ein Fechten mit Gedanken, mit dem Florett des Geistes."

Gefühlslage kommentieren

Sollte Sie jemand durch eine Äußerung getroffen haben, sprechen Sie dies an. Ein gewollt eingesetztes Understatement der eigenen Persönlichkeit ist dabei ein probates Mittel. Damit appellieren Sie an das moralische Empfinden des Angreifers. Der rhetorische Trick besteht darin, die Verletztheit ironisch, lächelnd und freundlich vorzubringen. Sie stehen deshalb keinesfalls schwach da. Durch die Verbalisierung der Beleidigung und ironische Betroffenheit verunsichern Sie den Gesprächspartner und können selbst gelassen bleiben.

Beispiel

 Der Gesprächspartner fragt Sie zynisch: „Haben Sie Ihr Abitur in der Lotterie gewonnen?"

Antworten Sie gelassen: „Es trifft mich schon sehr, dass ich auf Sie einen so völlig unintelligenten Eindruck mache." Darüber wird Ihr Gegenüber erst einmal nachdenken müssen.

Zustimmen

Dieses Vorgehen können Sie sich wie eine östliche Kampftechnik vorstellen: Sie nehmen den Schwung des Gegners auf und nutzen ihn für sich. Geben Sie einfach zu, was Ihnen vorgeworfen wird. Die volle Zustimmung irritiert den Gesprächspartner, der mit einer Zurückweisung rechnete.

Beispiele

„Sie wissen immer alles besser." – „Richtig, und selbst das weiß ich."

„Sie sind unmoralisch." – „Ja, Sie kennen sich damit ja aus."

Übertreiben

Eine weitere effektive Technik ist die übertriebene Zustimmung. Hier wird bei der Antwort der Bogen derart überspannt, dass die Behauptung lächerlich wirkt. Auf einen Vorwurf sagen Sie einfach „stimmt" und übertreiben danach so, dass der Angriff im Nonsens untergeht.

Beispiele

„Sie haben ganz schön zugenommen." „Stimmt, statt des Busses musste ich den Tieflader nehmen."

„Ihre Katze haart ja furchtbar." „Ja, sie wurde versehentlich im Turbogang geschleudert."

Fragen stellen

Formulieren Sie die Fakten, die in einem Vorwurf stecken. Wenn Sie daraus eine Frage konstruieren, muss der andere antworten und Sie gewinnen Zeit.

Beispiele

„Was soll ich mit diesem Bericht anfangen?" „Soll ich Ihnen das jetzt erklären?"

„Sie reden wie ein Wasserfall!" „Haben Sie auch etwas zu sagen?"

Absurden Vorteil finden

Hier geht es um Vorteil und Nutzen, die in einem Vorwurf liegen. Dieser wird übertrieben dargestellt. Positiver Effekt: Die Beleidigung schwächt sich durch den Humor ab.

Beispiele

„Dir haben sie wohl das Gehirn rausoperiert?" „Ja, seitdem habe ich mein Idealgewicht."

„Wurden Sie als Kind zu heiß gebadet?" „Genau. Seither verdiene ich mein Geld als Heizlüfter."

Bei offener Aggression souverän bleiben

Aggression äußert sich im menschlichen Verhalten in verbalen (Diffamierung, Beleidigung, Vorwurf), psychischen (Ausgrenzung) oder tätlichen Angriffen gegenüber Personen, Personengruppen und Dingen, auch in Drohverhalten, Kämpfen sowie ritualisierten Auseinandersetzungen. Um Aggression gelassen zu begegnen, ist es von großem Wert, deren Ursachen zu kennen. Diese sind meist Angst, Frustration, Lust oder Gehorsam (der z. B. im Sport oder Wettkampf erwartet wird). In Psychologie und Verhaltensforschung wird Aggression so beschrieben, dass es dem Angreifer um Machtzuwachs geht, während er sein Gegenüber durch eine Machtminderung schwächen möchte. Dabei handelt es sich, psychologisch gesehen, meist um Affekthandlungen. Das Angriffsverhalten zielt darauf ab, den Rivalen zu schädigen oder in die Flucht zu schlagen.

Ruder in der Hand behalten

Auf aggressive Angriffe reagieren die meisten Menschen intuitiv mit einem Gegenangriff. Auf eine Beleidigung folgt eine weitere, ein Kraftausdruck zieht den nächsten nach sich – menschlich nachvollziehbar, jedoch nicht zielführend. Die Situation spitzt sich zu und kann außer Kontrolle geraten. Das gilt es immer zu vermeiden. Bei bereits offensichtlicher Aggression ist eine schlagfertige Erwiderung meist kontraproduktiv. Treffsichere Kommentare treiben den Aggressionspegel nur noch weiter auf die Spitze. Wenn Sie das verhindern möchten, dann ist an dieser Stelle Zurückhaltung gefragt.

Sie können sich anhand der Aggressionsspirale leicht ausmalen, welche Reaktion auf verbale Angriffe folgen kann und welche Auswirkungen diese wiederum auf Sie hätte. Hier ist es wichtig, den Ausstieg aus dieser Spirale zu schaffen. Das gelingt nur mit Ruhe und Bedacht, keinesfalls, indem man seinerseits das Spiel bedient.

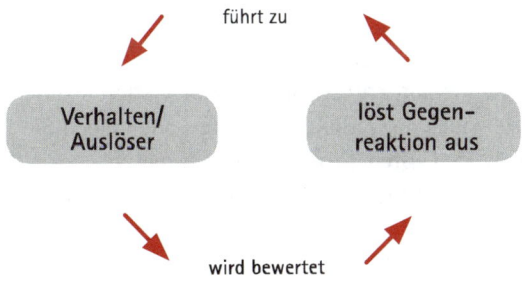

Aggressionsspirale

Sind Sie noch gelassen?

Wenn Sie mit Aggressionen konfrontiert werden, versuchen Sie zuerst, Ihre Gelassenheit zu behalten. Lassen Sie sich, auch wenn es schwerfällt, nicht von Emotionen hinreißen. Stress macht unfähig, weitsichtig zu denken!

Nur wenn Sie gelassen bleiben und Ihre Gefühle gut im Griff haben, sollten Sie versuchen, den Konflikt an Ort und Stelle zu klären. Bleiben Sie dabei nur so lange dran, solange der Klärungsprozess spürbare Fortschritte macht. Gerät er ins Stocken oder droht zu eskalieren, vertagen Sie das Gespräch auf einen anderen Zeitpunkt. Mit zeitlichem Abstand finden Sie leichter und gelassener Lösungen.

> Wut, die von zwei Seiten aneinander prallt, hinterlässt verbrannte Erde. Entscheiden Sie immer zuerst: Sind Sie gerade in der Lage, sich zu beherrschen und gelassen zu reagieren?

10 Möglichkeiten, auf Aggressionen zu reagieren

Zum Umgang mit Aggression finden Sie hier zehn empfehlenswerte Verhaltenstipps:

1   Die Aggression frühzeitig im Keim ersticken durch entsprechendes nonverbales Verhalten: Vermeiden Sie Ihrerseits wilde Gesten, Drohgebärden, Türenschlagen. Nehmen Sie eine aufrechte, selbstbewusste Körperhaltung an („Fels in der Brandung"), halten Sie Blickkontakt und beobachten Sie die Situation.

2   Negative Reize vermindern: z. B. überflüssige „reizende" Aussagen unterlassen, selbst kein aggressives Verhalten

zeigen und Unklarheiten vermeiden. Teilen Sie Ihrem Gesprächpartner ruhig und klar mit, dass Sie etwas ausdiskutieren und Lösungen finden wollen. Sagen Sie auch das, was Sie dabei nicht tolerieren, z. B. sein Gebrüll oder seine Drohungen.

3 Konflikt deutlich ansprechen, z. B.: „Es geht um X. Sie machen X, ich möchte das nicht und es ärgert mich, dass Sie dennoch damit fortfahren."

4 Positiv verhalten, z. B. motivieren, Positives hervorheben, Empathie bzw. Verständnis zeigen: „Ich verstehe gut, dass Sie das aus dem Gedanken X heraus machen. Ich erkenne auch den Druck, der auf Ihnen lastet. Dennoch ist es für mich schlecht/ärgerlich/nicht tolerabel usw."

5 Eigene Erregungslage beobachten.

6 Vertrauen herstellen: „Ich glaube Ihnen, dass Ihre Motive ehrenwert sind. Deshalb ist es für uns beide ein Vorteil, kooperativ zusammenzuarbeiten. Schließlich sitzen wir in einem Boot."

7 Eingehen auf den anderen: Was konkret möchte/braucht er? „Was kann ich dazu beitragen, damit Sie Y bekommen und X nicht mehr tun müssen?"

8 Eigene Betroffenheit ansprechen, etwa: „Ich bedauere es, dass wir auf diesem Niveau miteinander gesprochen haben." „Es tut mir leid, dass Sie sich das so zu Herzen genommen haben."

9 Gemeinsame Problemlösung anstreben: „Wir wollen beide ein Ergebnis. Worin sind wir uns bisher einig? Welche

Punkte müssen wir noch besprechen? Womit können wir beide leben? Was ist zu tun?"

10 Konkrete Vereinbarungen treffen, z. B.: „Wir einigen uns darauf, dass Sie X ab sofort unterlassen. Dafür bekommen Sie zuverlässig von mir jeden Donnerstag Y."

Hinter Aggressionen liegen Bedürfnisse

Denken Sie daran: Hinter jeder Aggression steckt ein Bedürfnis. Bei vielen Bedürfnissen sind wir Menschen voneinander abhängig. Und alle diese Bedürfnisse dienen unserem „Überleben" (psychisch oder körperlich). Wenn Sie wissen, was Ihr Gegenüber braucht (z. B. Anerkennung, Lob, Wertschätzung, Aufmerksamkeit usw.) und dieses unerfüllte Bedürfnis ggf. bedienen können, entziehen Sie seiner Aggression automatisch den Nährboden.

Mit unbequemen Gesprächspartnern umgehen

Es gibt weitere Hürden im Miteinander, bei denen leicht die Gelassenheit abhanden kommt: schwieriges Verhalten unserer Gesprächspartner. Das kann uns ebenfalls gefühlsmäßig aus dem Gleichgewicht bringen, obwohl es nichts mit Aggression oder Angriff zu tun hat.

Bei Streit oder Aggression sind uns die Reaktionen bekannt und daher berechenbar. Meistens wird versucht,

- die eigene Meinung, den Willen durchzusetzen,
- das Gesicht zu wahren oder
- als Gewinner aus der Schlacht hervorzugehen.

Verhält sich der Gesprächspartner aber unterwürfig, vereinnahmend oder emotional, um diese Ziele zu erreichen, ist das manchmal schwieriger zu handhaben als ein hartes Streitgespräch. Solches Verhalten ist ungewohnter und damit unberechenbarer. Es zielt zudem direkt auf unsere eigenen Gefühle. So geschieht es, dass wir nervös werden oder unsere Balance verlieren, weil wir die versteckte Manipulation hinter diesem Benehmen nicht wahrnehmen. Betrachten wir vier typische Verhaltensmuster in Problemgesprächen:

- der Empfindliche, der Weinen als Druckmittel einsetzt,
- der verstockte Schweiger, der auf stur stellt,
- der maßlose Vielredner, der alle niederredet,
- der Schmarotzer, der Ihr Mitleid ausnutzt.

Die weinerliche Mimose

Ihr Gegenüber blickt, z. B. weil Sie etwas kritisiert haben, jämmerlich drein und beginnt zu weinen. Natürlich ist es ist eine Frage der Fairness, Gefühlsausbrüche ernst zu nehmen. Man spricht momentan nicht weiter über den diskutierten Sachverhalt und legt erst einmal eine Pause ein. An dieser Stelle kommt auch noch eigene Betroffenheit ins Spiel: Wir machen uns Vorwürfe, weil wir annehmen, der Verursacher dieser Missstimmung des anderen zu sein. Gewissensbisse machen sich breit und sofort neigen wir dazu, das Gesagte zu relativieren. Doch: Cool down! Wenigstens Sie sollten gelassen bleiben. Behalten Sie das Ruder in der Hand. Lassen Sie die Probleme dort, wo sie entstanden sind. Das hat nichts mit Herzlosigkeit zu tun!

Entschuldigen Sie sich nicht sofort

Ziehen Sie sich jetzt nicht gleich den Schuh der Schuld an. Zeigen Sie Anteilnahme, reichen Sie ein Taschentuch, aber entschuldigen Sie sich nicht stante pede für Ihre Kritik, wenn diese fair und gerechtfertigt war. Vertagen Sie möglicherweise das Gespräch und kümmern Sie sich zuerst um die Störung. Ihre Kritik war vielleicht nur der letzte Auslöser für den emotionalen Ausbruch oder es bestehen andere Sorgen. Versuchen Sie, eventuell weitere Hintergründe des Weinens zu erfahren. Verlieren Sie dabei aber nicht Ihr eigentliches Thema aus den Augen.

Beispiele

 „Haben Sie Sorgen?" – „Kann ich etwas für Sie tun?" – „Wie und wann wollen wir weitermachen, damit wir unser derzeitiges Thema beenden?"

Vielleicht handelt es sich um eine erlernte Verhaltensweise des anderen, der verinnerlicht hat: Wenn ich weine, umgehe ich damit schwierige Gespräche und Kritik. Und sehr häufig funktioniert diese Hilflosigkeitsstrategie.

Behalten Sie Ihr Ziel im Fokus

Bleiben Sie, trotz der Reaktion Ihres Gegenübers, klar in Ihren Gedanken und bei Ihrem Gesprächsziel. Fürchten Sie sich nicht vor Gefühlsausbrüchen. Ihre Aussage, wenn sie fair war, wird durch die Tränen nicht unrichtiger. Ein Problem muss angesprochen werden können. Vermeiden Sie deshalb keine für Sie wichtigen Themen, nur weil Sie annehmen, dass der andere emotional reagiert. Das hat in erster Linie mit ihm zu tun. Sie stehen nur für die Form und den Zeitpunkt des Kritikgesprächs in der Verantwortung.

Versuchen Sie immer, Verständnis aufzubauen und zufriedenstellende Lösungen zu finden – aber nicht ausschließlich auf Ihre Kosten. Auch Ihr Thema/Problem muss befriedigend abgeschlossen werden.

> Wichtig ist und bleibt, trotz aller Emotionen, Ihr Gesprächsziel. Wenn es etwas zu kritisieren oder anzusprechen gibt, dann darf das, in korrekter Art und Weise, gesagt werden. Auch wenn es Ihrem Gesprächspartner nicht gefällt. Lassen Sie sich nicht von (befürchteten) Gefühlsausbrüchen davon abhalten, Klartext zu reden.

Der verstockte Schweiger

Wenn es brenzlig wird, in Auseinandersetzungen oder bei Kritik zeigen manche Menschen ein Verhalten, das es den anderen schwermacht, Ruhe zu bewahren: Sie gehen in die innere Emigration, verschränken die Arme und verweigern jeglichen Dialog. „Dazu sage ich jetzt gar nichts mehr", bekommen Sie vielleicht als trotzigen Abschlusssatz zu hören.

Spielen Sie das Spiel nicht mit

Wenn Sie sich durch dieses Benehmen von Ihrer Gelassenheit abbringen lassen, dann spielen Sie das Spiel des anderen mit. Die naheliegende Reaktion darauf wäre: Sie machen es genauso und sagen auch nichts mehr. Oder Sie verlangen sofortige Klärung und bedrängen den anderen. Beides hilft nicht wirklich weiter, sondern verschlechtert die Lage meist nur. Halten Sie sich vor Augen, dass der andere diese Reaktion deshalb an den Tag legt, weil er keine bessere Alternative kennt. Oder er kann im Moment nicht anders mit seinen Gefühlen umgehen. Gehen Sie davon aus, dass in erster Linie nicht Böswilligkeit oder Gemeinheit dahinterstecken, sondern menschliche Schwäche. Dieses Wissen lässt Sie besonnener reagieren.

Nehmen Sie den anderen ernst

Viele Menschen benehmen sich deshalb verstockt, weil sie das Gefühl haben, nicht ernst genommen zu werden oder in einer wichtigen Angelegenheit übergangen worden zu sein. Hier können Sie durch Nachfragen und aufmerksames Zuhören prüfen, ob das eventuell der Fall war.

Beispiel

„Herr O., Ihrer Reaktion entnehme ich, dass Sie damit nicht einverstanden sind. Ist das so?"

Wenn Ihr Gegenüber das bejaht, hören Sie ihm gut zu. Der Trotz kann sich rasch auflösen, wenn Sie auf die Gefühle und die Sichtweise des anderen eingehen.

Durchschauen Sie emotionale Erpressung

Handelt es sich um ein stets wiederkehrendes Verhaltensmuster einer Person, nennt man das emotionale Erpressung. Lassen Sie sich auf keine Spielchen ein nach dem Motto: „Wenn ich das Erwartete nicht bekomme, dann schweige ich, bis ich es bekomme." Der Gesprächspartner will Sie mit seinem Schweigen strafen und Ihnen Schuldgefühle vermitteln. Die dahinterliegende Erwartung ist, dass Sie nachgeben oder Zugeständnisse machen sollen.

Erkennen Sie emotionale Erpressung als unfaires Verhalten, fällt es Ihnen leichter, unempfänglich für diese Art der Manipulation zu werden. Bleiben Sie in einem solchen Fall unnachgiebig. Stellen Sie Ihrem schweigenden Gegenüber eine Frage – und warten Sie hartnäckig auf eine Antwort. Warten Sie gelassen ab und zwingen Sie den anderen, das Schweigen zu durchbrechen. Beweisen Sie den längeren Atem und zeigen Sie deutlich, dass Sie die Masche des anderen erkannt haben. Zur Beruhigung: In unserem Kulturkreis wird Schweigen ab einer Minute bereits als extrem belastend empfunden.

Der maßlose Vielredner

Minutenlange, vollkommen überflüssige Monologe können schnell langweilig und absolut nervenzehrend werden. Es ist Ihre Zeit und es sind Ihre Nerven: Sie müssen sich dem nicht aussetzen. Menschen, die in ihrer Erregung heftig und ohne Punkt und Komma reden, können einen emotional erschlagen. Andere haben derart ausgeprägte „Kommunikations-Gene", dass niemand sonst mehr zu Wort kommt. Hier ist es wichtig, rechtzeitig einzuschreiten und wirkungsvoll zu unterbrechen, bevor man die Contenance verliert.

Dauerredner bremsen

Natürlich fallen Sie dem anderen nicht ins Wort. Manchmal ist es aber unerlässlich, sich mit rhetorischer Raffinesse durchzusetzen. Wenn Sie spüren, dass Ihre Gelassenheit zu schwinden droht, versuchen Sie, Folgendes anzuwenden:

Dauerredner bremsen	
Höflich	Nennen Sie Ihr Gegenüber beim Namen: „Herr N., ich danke Ihnen ..." Das ist ein starker Aufmerksamkeitsreiz und Ausdruck von Respekt und Sympathie. Es sagt dem anderen: „Sie sind mir wichtig." Hört ein Mensch seinen eigenen Namen, achtet er sofort auf das, was gesagt wird.
Dezent	Eine leichte Berührung am Unterarm erzeugt ebenfalls höchste Aufmerksamkeit. Der Gesprächspartner fühlt sich wahrgenommen und spürt, dass Sie sich auf ihn konzentrieren. Deshalb muss er nicht mit aller Macht versuchen, zu seinem Recht zu kommen. Hält er inne, können Sie mit Ihrem Argument einhaken.
Elegant	Eine Frage zum Sachverhalt erkennt die Kompetenz des Redners an. Vielen Menschen schmeichelt es, wenn sie gefragt werden. Unterbrechen Sie den Redeschwall mit den Wor-

	ten: „Zu dem, was Sie eben erwähnten, habe ich eine Frage ..."
Verschärft	Spricht Ihr Gegenüber noch immer, schütteln Sie den Kopf, atmen hörbar tief ein und brechen den Blickkontakt ab. Das irritiert den Redner meist und er hält inne.

Die genannten Varianten können Sie gut miteinander kombinieren und dadurch deren Wirkung verstärken.

Unterbrechen Sie strikt

Hilft alles nichts, dann unterbrechen Sie den Gesprächspartner. Es ist unhöflich, jemanden durch einen minutenlangen Monolog zu langweilen. Es gehört sich nicht, den Alleinunterhalter zu spielen, außer man wird dafür bezahlt. Etwas lang und breit auszuführen, obwohl der Gesprächspartner das Thema nach zehn Sekunden verstanden hat, ist nahezu unverschämt. Deshalb dürfen und müssen Sie hier strikt unterbrechen.

Beispiel

 „Danke! Ich habe Sie verstanden, jetzt möchte ich meine Meinung darlegen."

Es ist kein Affront, auf unhöfliches Verhalten unhöflich zu reagieren. Machen Sie sich deshalb keinen Kopf. Sie haben nur Ihre Haut gerettet. Wenn anderes nicht hilft, dann ist es legitim, den Hammer hervorzuholen.

So behalten Sie das Wort

Sind Sie nun zu Wort gekommen, müssen Sie aufpassen, dass Sie Ihr Rederecht nicht sofort wieder verlieren. Die wirkungsvollste Technik ist, gleich selbst den wahrscheinlichen Unterbrechungsinhalt zu formulieren. Damit nehmen Sie Ihrem Gesprächspartner den Grund für eine weitere Unterbrechung. Außerdem können Sie vorbeugend ein stichhaltiges Gegenargument zu diesem Einwand einfließen lassen. Damit ist die Unterbrechung entkräftet und Sie behalten das Wort.

Beispiel

 Sobald der andere Luft holt, um anzusetzen, sagen Sie z. B.: „Sie werden bestimmt gleich entgegnen, dass … Das haben wir bereits bedacht und lösen es durch …"

Sind Sie Diskussionsleiter eines Teams, können Sie feste Redezeiten vereinbaren. Sagen Sie im Falle der Überschreitung einfach: „Stopp, die fünf Minuten sind um." Das ist fair für alle und niemand fühlt sich benachteiligt.

Der mitleidheischende Ausnutzer

Haben Sie das Gefühl, dass immer wieder Aufgaben bei Ihnen landen, die andere genauso gut erledigen könnten? Dann liegt das eventuell daran, dass Sie auf die Mitleidsmasche hereinfallen. Tun Ihnen andere manchmal so leid, dass Sie gar nicht anders können, als schon wieder eine Zusage zu geben? Es gibt Menschen, die Sie herumkriegen, indem sie offen oder verdeckt an Ihr Mitleid appellieren. Wenn Sie das erkennen, müssen Sie handeln und sich zur Wehr setzen.

Typische Argumente der Mitleidstour

Vielleicht kommen Ihnen einige dieser Aussagen bekannt vor:

- „Ich rechne ganz fest mit Ihnen, ansonsten bin ich aufgeschmissen."
- „Das wäre eine riesige Enttäuschung, wenn Sie das nicht machen würden."
- „Wir wüssten gar nicht, wie wir das schaffen, wenn Sie uns im Stich lassen würden!"
- „Ich kann das nicht allein. Wenn Sie mir nicht helfen, bekomme ich große Probleme."

Mit trauriger Mimik, gesenktem Kopf und verzweifelter Stimme wird an Ihr Mitleid appelliert. Dabei werden möglicherweise Sie gerade mitleidslos geschröpft! Falls Sie zu den sensiblen Menschen gehören, die sehr empfänglich sind für Lob und Anerkennung von anderen, dann sind Sie hier besonders gefährdet. Denn meist bleibt man nicht gelassen, wenn zwischen den Zeilen der Vorwurf lauert: „Sie sind daran schuld, wenn ich etwas nicht schaffe / Probleme bekomme / enttäuscht bin, usw."

Zuerst kommen Sie

Dagegen können Sie sich nur durch klare Abgrenzung zur Wehr setzen:

- Machen Sie sich zunächst bewusst, was Sie wirklich tun müssen und was Sie gerne tun wollen.
- Für was sind Sie verantwortlich?
- Dann überlegen Sie in Ruhe, was der andere selbst tun kann.

Wie Sie im Notfall die Lage retten

Ärger, Konflikte und Provokationen führen zu wachsendem Stress. Stress zieht aggressives Verhalten nach sich. Manchmal ist eine Situation so angespannt, dass Sie nicht mehr gelassen bleiben können. Sobald Sie merken, dass es in Ihnen zu brodeln beginnt, bleiben Sie nicht mehr souverän. Wenn Sie das spüren, gehen Sie aus der Schusslinie.

> Manchmal hilft nur eines: Deeskalieren Sie die Situation, indem Sie den aggressiven Verlauf unterbrechen. Sorgen Sie dafür, dass sich die Aggressionsspirale auflösen kann.

Die Exit-Strategie als Notbremse

Psychologen sprechen von der Exit-Strategie. Das heißt: Ausgang benutzen und die Arena verlassen. Durch ein klares „Ende" oder „Stopp" gewinnen Sie Zeit und dadurch Ihre Gelassenheit zurück. So bleiben Sie, trotz Wut im Bauch, in einer überlegenen und starken Position. Beenden Sie rasch und ohne weitere Diskussion das Gespräch.

Beispiel

 Formulieren Sie eindeutig das Gesprächsende: „Ich habe den Eindruck, wir kommen so nicht weiter. Deshalb möchte ich das Gespräch jetzt beenden." Oder: „Wir sind gerade beide nicht in der Lage, das zu lösen. Ich beende jetzt das Gespräch und komme wieder auf Sie zu."

Auf Beleidigungen reagieren Sie ebenfalls mit der Exit-Strategie. Sagen Sie zum Beispiel: „Darauf antworte ich Ihnen jetzt nicht." Oder: „Sie können wieder mit mir sprechen, sobald Sie einen angemessenen Ton gefunden haben." Es ist eine Leistung, in einer emotional hoch angespannten Situation nichts zu erwidern. Wenn Sie das geschafft haben, sind Sie gelassen geblieben. Sie waren derjenige, der die Lage entschärft hat. Das spüren Ihre Gesprächspartner genau. Durch Ihr Verhalten demonstrieren Sie Selbstdisziplin und Stärke. Denken Sie daran: Sobald Sie ebenfalls aggressiv werden, haben Sie Ihrem Angreifer zu einem Sieg verholfen. Sie haben ihm die Gewissheit gegeben, dass er Sie aus der Fassung bringen kann. Und das wollen Sie ja nicht, oder?

So kommen Sie wieder zur Ruhe

Nach einem ausgeuferten Gespräch ist das Wichtigste, von hundertachtzig wieder herunterzukommen. Für eine sachliche Klärung ist dies keinesfalls der richtige Augenblick. Treffen Sie keine Entscheidungen, solange Sie wütend sind und keinen klaren Gedanken fassen können. Vermeiden Sie möglichst ein kurzfristiges Zusammentreffen mit dem Gesprächspartner. Gehen Sie sich mindestens eine Stunde lang, besser länger, aus dem Weg. Sie müssen sich zuerst emotional stabilisieren. Eventuell sollten Sie eine Nacht über das Geschehene schlafen. Dann erst überlegen Sie sich die weitere Vorgehensweise und Strategie.

Sammeln Sie sich

Zur Gelassenheit finden Sie am ehesten wieder zurück, wenn Sie sich sammeln können. Dafür ist es wichtig, den Kopf frei zu bekommen und das Vorgefallene eine Zeit lang bewusst beiseite zu legen. Versuchen Sie Ihre Wut im Off zu parken, um auf andere Gedanken zu kommen. Wenn es so gekracht hat, dass Sie kochen, ziehen Sie sich zurück.

Checkliste: Abreagieren

- Gehen Sie an einen Ort, an dem Sie allein und ungestört sind.

- Leiten Sie Ihr Telefon um und schalten Sie die Handy-Mailbox an.

- Atmen Sie tief ein und aus. Wiederholen Sie das so lange, bis Sie spüren, wie sich Ihre Muskulatur entspannt und der Atem wieder fließender geht. Bewegen Sie Kopf und Arme. Versuchen Sie dabei, Ihre Gedanken abzulenken.

- Vielleicht haben Sie einige Augenblicke Zeit, aus dem Fenster zu blicken. Fokussieren Sie Ihre Gedanken ausschließlich auf Dinge, die Sie gerade sehen.

- Gehen Sie, wenn möglich, an die frische Luft. Laufen Sie in zügigem Schritttempo. Ihr Kreislauf sollte dabei richtig auf Touren kommen. Fünf bis zehn Minuten genügen meist, um sich wieder einigermaßen im Griff zu haben.

- Wenn Sie diese Zeit nicht aufbringen, steigen Sie schnell mehrere Treppen hoch. Nehmen Sie mehrere Stufen gleichzeitig und laufen Sie rasch einige Stockwerke hinauf. Sie sollten richtig außer Atem kommen. Wenn das noch nicht geholfen hat: das Gleiche noch einmal. So bauen Sie Ihren Adrenalinspiegel ab.

- Trinken entspannt ebenfalls. Nehmen Sie in dieser Situation keinen Kaffee, Schwarztee oder Alkohol zu sich. Trinken Sie z. B. kühles Mineralwasser oder Saft. Konzentrieren Sie sich dabei ausschließlich auf das schluckweise Trinken.

- Wenn Sie ganz extrem in Rage sind, helfen nur starke Gegenreize, um auf eine andere emotionale Ebene zu kommen. Diese Reize setzen andere Nervenimpulse und lenken vom Wut-Thema ab, so dass dieses eine Weile ausgeblendet wird und man sich beruhigen kann:

- Duschen Sie z. B. sehr warm und sehr kalt im Wechsel, so dass Sie es gerade noch ertragen.

- Lutschen Sie einen bis zwei Eiswürfel und konzentrieren Sie sich auf die Kälte im Mund.

- Sie können auch etwas sehr Warmes, Saures oder Scharfes essen.

- Verausgaben Sie sich körperlich, damit Sie Ihren Aggressionsstau loswerden (gehen Sie z. B. joggen).

Tun Sie das, was Sie in diesem Augenblick noch tun können. Das Wichtigste ist, die Emotion wieder in den Griff zu bekommen und sich nicht zu Aktionen hinreißen zu lassen, die mehr zerstören, als sie bringen. Vielleicht verhilft Ihnen auch folgendes Zitat von Marc Aurel zu mehr Gelassenheit:

„Unrat einfach vorbeischwimmen lassen."

Auf einen Blick: Techniken für schwierige Situationen

- Um Konflikten vorzubeugen und so etwas für Ihre Gelassenheit zu tun, sagen Sie anderen klar, was Sie wollen und was Sie nicht akzeptieren.

- Verbale Angriffe können Sie je nach Situation schweigend übergehen oder schlagfertig kontern. Bedenken Sie: Wenn Sie den anderen herausfordern, ist es möglich, dass die Lage eskaliert.

- Begegnen Sie offener Aggression, indem Sie gut zuhören und auf die Bedürfnisse des anderen achten. Durchbrechen Sie die Aggressionsspirale.

- Lassen Sie sich nicht von weinerlichen, trotzigen oder ohne Unterlass redenden Gesprächpartnern von Ihrem Standpunkt abbringen. Behalten Sie Ihr Ziel im Auge. Fallen Sie nicht auf die Mitleidsschiene herein, indem Sie anderen ständig ihre Aufgaben abnehmen.

- Wenn Sie so wütend sind, dass Sie sich nicht mehr beherrschen können, beenden Sie das Gespräch, bevor Sie die Fassung verlieren. Beruhigen Sie sich durch Ablenkungsstrategien. Betätigen Sie sich insbesondere körperlich, um Aggressionen abzubauen.

Stichwortverzeichnis

ABC-Analyse 82
Abreagieren 122 f.
Abwehr 98 ff.
Aggression 106 ff.
Angriffe 13, 98 ff.
Ansprüche 58
Ausnutzer 118 f.

Bedürfnisse 61, 64 ff.

Chairperson 86 f.
Chancen-Nutzer 67 ff.

Delegation 86 ff.
Disziplin 92

Energiebilanz 63 f.
Entscheidungen 25, 76 ff.
Erwartungshaltung 36 ff.
Exit-Strategie 120 f.

Fehler 57 f
Fragen stellen 195

Generalisierungen 44 ff.
Gesundheit 23
Glaubenssätze 42 ff.

Handlungsfähigkeit 9 f.
Hemmschuhe 32 ff.
Hürden-Seher 67 ff.

Katastrophen 68
Kommunikation 96 ff.
Konsequenz 89 ff.
Konter 103

Lösung 26
Lösungsorientierung 66 ff.
Mimose 111 f.
Nein sagen 91 f.
Normen 13

Opferhaltung 16 f.

Perfektionismus 55 ff.
Placebo-Effekt 37 f.
Prioritäten 80 ff.
Privatsphäre 13
pro-aktives Verhalten 22
Prophezeiung, sich selbst erfüllende
    38 f.

Reaktionsmuster 18
reaktives Verhalten 14
Rechtfertigung 20
Reiz 14

Schlagfertigkeit 101 ff.
Schweigen 100
Schweiger 113 f.
Selbstbewusstsein 29
Selbstverantwortung 60 ff.
Sprache 66 ff.
Stress 24
Stress-Spirale 14

Tilgungen 49 f.

Überhöhungen 67
Übertreiben 105

Verantwortung 84 ff.
Verzerrungen 47 f.
Vielredner 115 ff
Vorurteile 51 ff.

Wahlmöglichkeit 78 ff.
Wahrnehmung 32 ff.
Wahrnehmungsfilter 34
Werte 70 ff.

Zeit 80 ff.
Zustimmen 104

Bibliografische Information der Deutschen Nationalbibliothek
Die Deutsche Nationalbibliothek verzeichnet diese Publikation in der Deutschen
Nationalbibliografie; detaillierte bibliografische Daten sind im Internet über
http://dnb.de abrufbar.

Print: ISBN 978-3-448-10258-1   Bestell-Nr. 00986-0002
ePUB: ISBN 978-3-648-00968-0   Bestell-Nr. 00986-0100
ePDF: ISBN 978-3-648-00969-7   Bestell-Nr. 00986-0150

2., aktualisierte Auflage 2013

© 2013, Haufe-Lexware GmbH & Co. KG, Munzinger Straße 9, 79111 Freiburg
Redaktionsanschrift: Fraunhoferstraße 5, 82152 Planegg
Fon (0 89) 8 95 17-0, Fax (0 89) 8 95 17-2 50
E-Mail: online@haufe.de
Internet: www.haufe.de
Redaktion: Jürgen Fischer
Redaktionsassistenz: Christine Rüber

Konzeption und Realisierung: Sylvia Rein, 81371 München
Umschlaggestaltung: Kienle gestaltet, Stuttgart
Umschlagentwurf: Agentur Buttgereit & Heidenreich, 45721 Haltern am See
Druck: freiburger graphische betriebe, 79108 Freiburg

Die Autorin

Elke Nürnberger

ist seit vielen Jahren Geschäftsführerin des Beratungsunter-
nehmens nürnberger gmbh. Sie arbeitet als Trainerin, Wirt-
schaftsmediatorin und Coach für zahlreiche Großunterneh-
men und Führungskräfte. Als Autorin schreibt sie Beiträge für
Fachzeitschriften, u. a. zu den Themen Kommunikation, Füh-
rung und Konflikte.
Weitere Informationen finden Sie unter
www.nuernbergergmbh.de.

Weitere Literatur

„Psychologie für den Beruf" von Boris von der Linde und
Svea Steinweg, 128 Seiten. Haufe, € 6,90,
ISBN 978-3-448-09950-8, Bestell-Nr. 00332

„Emotionale Intelligenz – Das Trainingsbuch" von Marc A.
Pletzer, 234 Seiten, Haufe, € 19,80.
ISBN 978-3-448-08054-4, Bestell-Nr. 00087

„Gesprächstechniken für Führungskräfte", von Anke von der
Heyde und Boris von der Linde, 222 Seiten, Kienbaum bei Haufe,
€ 24, 95. ISBN 978-3-448-09518-0, Bestell-Nr. 00742

Haufe TaschenGuides

Kompakte Informationen zum kleinen Preis

Der Betrieb in Zahlen

- ABC des Finanz- und Rechnungswesens
- Balanced Scorecard
- Betriebswirtschaftliche Formeln
- Bilanzen
- BilMoG
- Buchführung
- Businessplan
- BWL Grundwissen
- BWL kompakt
- Controllinginstrumente
- Deckungsbeitragsrechnung
- Einnahmen-Überschussrechnung
- Englische Wirtschaftsbegriffe
- Finanz- und Liquiditätsplanung
- Finanzkennzahlen und Unternehmensbewertung
- Formelsammlung Betriebswirtschaft
- Formelsammlung Wirtschaftsmathematik
- IFRS
- Kaufmännisches Rechnen
- Kennzahlen
- Kontieren und buchen
- Kostenrechnung
- So funktioniert die Wirtschaft
- Statistik
- VWL Grundwissen

Mitarbeiter führen

- Besprechungen
- Delegieren
- Checkbuch für Führungskräfte
- Führungstechniken
- Die häufigsten Managementfehler
- Management

- Mitarbeitergespräche
- Moderation
- Motivation
- Neu als Chef
- Projektmanagement
- Spiele für Workshops und Seminare
- Teams führen
- Workshops
- Zielvereinbarungen und Jahresgespräche

Karriere

- Assessment Center
- Existenzgründung
- Gründungszuschuss
- Jobsuche und Bewerbung
- Vorstellungsgespräche

Geld und Specials

- Sichere Altersvorsorge
- Börse
- Energie sparen im Haushalt
- Geldanlage von A–Z
- Immobilien erwerben
- Immobilienfinanzierung
- Eher in Rente

Persönliche Fähigkeiten

- Ihre Ausstrahlung
- Burnout
- Business-Knigge
- Mit Druck richtig umgehen
- Emotionale Intelligenz
- Entscheidungen treffen
- Gedächtnistraining
- Gelassenheit lernen
- IQ – Tests
- Knigge für Beruf und Karriere
- Kreativitätstechniken
- Lerntechniken